Small and Smart
경영의 이해

곽영식 · 한욱상 · 이두희

publishing and culture
피앤씨미디어

Small and Smart
경영의 이해

머리말

이 책의 목적은 제목처럼 'small and smart 경영'을 위한 다양한 이슈를 아주 간단히 제공하여, 소규모 창업자나 교양으로 경영학을 배우는 사람들이 경영활동을 이해하는 데 도움을 주는 데 있다. 저자들이 강의를 하면서 소규모창업자나 교양으로 경영을 배우는 사람들은 두꺼운 분량의 경영학원론이 필요없다는 것을 발견했기 때문이다.

이 책은 지난 2016년에 피앤씨미디어를 통해 출간했던 〈생활 속에서 배우는 경영학의 이해〉를 저자들이 대폭 수정한 책이다. 지난 2016년 책과 다른 부분은 다음과 같다.

- 이 책의 목표시장은 '대학에서 경영학을 교양으로 배우는 학생'과 '소규모 창업을 하고자 하는 창업가(small and smart entrepreneur)'이다.
- 이 목표시장의 독자들이 쉽게 경영학을 이해할 수 있는 내용으로 채우고자 노력했다.
- 각 경영학의 관리대상별로 몇 개의 이슈를 뽑아서 독자들이 스스로 생각하고 적어보고 논의할 수 있도록 working book 형식으로 구성했다.
- 재무관리나 생산관리와 같은 전문적인 경영학 수업시간에 배우는 내용은 여기에서 다루지 않았다.

이를 통해 대폭적으로 책의 분량을 감소시키는 대신에 독자들이 스스로 작성하는 부분을 강화시켰다. 모쪼록 독자가 우리 주위의 기업이나 매장을 경영적 시각으로 바라보거나 창업을 하는 데 조금이나마 도움이 될 수 있기를 기대한다.

2019.2.
곽영식
한욱상
이두희

차례

머리말 ······ iii

Chapter 1 창업, 경영, 사업이란?

1. 창업(創業) ······ 3
2. 경영(經營) ······ 5
3. 관리(management)와 윤석철의 생존부등식 ······ 7
4. 요약 ······ 9
5. 학생들이 토론할 과제 ······ 9

Chapter 2 業의 결정(어디서 싸울 것인가?)

1. BCG (Boston Consulting Group)의 시장분석 매트릭스 ······ 17
2. GE모형 ······ 19
3. 앤소프(Ansoff) 모형 ······ 21
4. 오마에 겐이치의 전략삼각형 ······ 24
5. Abell의 업 개념 ······ 24
6. 학생들이 토론할 과제 ······ 27
7. 요약 ······ 28

Chapter 3 전략과 경쟁우위

1. 전략의 개념 ······ 31
2. 마이클 포터의 본원적 전략 ······ 32
3. Aaker의 선점(preemptive)전략 ······ 36
4. 시장 내 위치별 경쟁전략 ······ 37

Chapter 4 업 태

1. 업태의 정의 ··· 48
2. 업태의 종류 ··· 48
3. 업태의 탄생에서 소멸에서 배우는 창업의 기회 ··· 52
4. 요약 ··· 55
5. 학생들과 토론할 과제 ··· 56

Chapter 5 유 통

1. 유통의 이해 ··· 61
2. 유통경로(channel) ··· 63
3. 소매위치(location) ··· 67
4. 장소마케팅(place marketing) ··· 68
5. 유통이 부가가치를 높이는 현상 ··· 69

Chapter 6 신제품 개발

1. dressing ··· 77
2. stripping ··· 79
3. 분할을 통한 상품개발: 몬드리안의 그림 ··· 81
4. 물감이 청바지로 대체(substitution), 재료의 미학 ··· 83
5. 알레아토릭(Aleatorik) ··· 85
6. 앰비그램 ··· 89
7. 애너그램(anagram) ··· 91
8. Grouping과 다빈치 ··· 93
9. 반복(repetition)과 모방(imitation) ··· 95

Chapter 7 비즈니스모델

1. 비즈니스모델 구성요소 이해 ········ 103
2. 비즈니스모델 구성요소 점검 ········ 104
3. 학생들과 토론할 과제 ········ 118

Chapter 8 리더십 연구

1. 리더십의 정의 ········ 122
2. 리더십의 종류 ········ 123
3. 각종 리더십의 공통점(commonality)과 학생들과 토론할 과제 ········ 131
4. 요약 ········ 134

Chapter 9 인적자원관리 및 조직론

Part 1 인적자원관리 ········ 137
1. 인적자원관리의 개념과 기능 ········ 138
2. 직무관리 ········ 139
3. 모집/선발 ········ 140
4. 교육/훈련 ········ 143
5. 승진(인사고과 및 보상) ········ 143
6. 경력관리(전환배치) ········ 145
7. 휴직/이직/방출 ········ 146
8. 요약 ········ 147

Part 2 조직관리 ········ 148
1. 조직의 필요성 ········ 149
2. 조직의 유형과 역할 ········ 150

3. 조직의 원칙 ···································· 151
4. 조직관련 이슈 ···································· 152

Chapter 10 마케팅관리

1. 마케팅의 정의 ···································· 157
2. 마케팅관리 대상 ···································· 158
3. 시장세분화 (segmentation) ···································· 159
4. 목표시장선정(targeting) ···································· 160
5. 포지셔닝(위치정립, positioning) ···································· 160
6. 제품(product) ···································· 164
7. 가격(price) ···································· 165
8. 촉진(promotion) ···································· 169
9. 유통(place) ···································· 170
10. 서비스접점인(service encounter, people) ···································· 172

Chapter 11 재무관리

1. 재무관리의 정의와 기능 ···································· 177
2. 재무관리관련 이슈 ···································· 178
3. 경영에 필요한 돈은 어디서 조달하나? ···································· 178
4. 자본조달의 원천 ···································· 180
5. 자본비용 ···································· 181
6. 얼마의 부채의존도가 기업에게 가장 유리한가? ···································· 182
7. 경영에서 비용으로 지출되는 돈을 언제 어떻게 지출해야 효율적·효과적인가? · 183
8. 경영과정에서 발생하는 이익을 어떻게 투자해야 하나? ···································· 183
9. 포트폴리오의 개념 ···································· 186

Chapter 12 생산관리

1. 생산관리의 개요 ········ 192
2. 제품수명주기와 생산관리 그리고 의사결정부문의 다양화 ········ 194
3. 제품의 설계 ········ 195
4. 수요예측과 자재소요계획 ········ 196
5. 생산 계획의 수립 ········ 198
6. 자재소요 계획 ········ 199
7. 재고관리 ········ 200
8. 품질관리 ········ 201

맺음말 ········ 203
찾아보기 ········ 204

Chapter 1

창업, 경영, 사업이란?

01

- 1852년, 프랑스 파리의 Le Bon Marche가 최초의 백화점이다
- 정주영 회장은 우리나라 최초의 자동차를 생산하는 현대자동차를 창업했다.
- 이병철 회장은 우리나라 최초로 반도체를 생산하는 사업을 시작했다
- 오리온은 초코파이라는 제품카테고리를 처음 만들어 시장에 선보였다.
- 1986년 봄, 서울 대학로에 노래방이라는 것이 처음 등장했다.
- PC방은 우리나라가 세계에서 최초로 만든 사업 중의 하나이다.
- 해태와 롯데는 우리나라에 처음으로 껌을 국산화하여 시장에서 판매했다.
- 오뚜기는 우리나라 최초로 카레를 판매한 기업이다.
- SK그룹은 11번가를 통해 온라인 C2C site를 개설하였다.
- 2019년 세계 최초의 폴더블 폰이 세상에 나왔다.

1. 창업(創業)

독자 여러분이 생각하는 '창업'이란 무엇인가를 아래에 적어 보자.

이제 독자 여러분이 생각하는 창업과 저자가 생각하는 창업을 비교해 보자.

저자는 '창업'을 사전적 의미에서 해석하는 것에서 논의를 시작하고자 한다. 창업에서 창(創)은 '비롯하다' 또는 '시작하다'라는 뜻이고, 업(業)은 '생계, 즉 먹고 살기 위한 생계로 살아갈 방도나 형편'을 말한다. 그러므로

창업은 '살아갈 방도를 시작하는 것'을 말한다.

여기서 방도(方道)를 좀 더 구체적으로 말하자면 방법(method)과 길(way)로 나눌 수 있다. 방법이란 '어떻게 싸울 것인가'에 관한 의사결정이고, 길은 '어디서 싸울 것인가'의 의사결정문제이다. 여기에서 '어떻게 싸울 것인가'의 문제는 기업을 어떻게 효율적으로 운영할 것인가에 대한 문제를 말한다. 다음으로 '어디서 싸울 것인가'는 기업가가 선택해야 할 시장을 어떻게 선택할 것인가를 말한다. 즉, 사업의 대상이 되는 제품카테고리(product category)와 시장(market), 사업(business)을 무엇으로 결정한다는 뜻이다. 어떤 선택하느냐에 따라 시장의 크기도 결정되고, 경쟁자도 결정되는데, 이런 생존의 강도나 역학관계를 결정하게 되는 의사결정을 말한다.

창업 : 살아갈 방도(方道)를 시작하는 것

⬇

방법(方法) + 길(道)

⬇ ⬇

method way

(How to compete) (Where to compete)

따라서 창업은 살아남고 살아가기 위한 시장과 방법을 시작하는 것을 말한다. 즉, 창업이란 살아갈 방법과 길을 아주 정성스럽고 소중하게 시작하는 것이다.

> 참고로 道의 옛글자를 보면 다닐 행(行)자 사이에 머리 수(首)가 놓여 있는 형태이다. 이 뜻은 왼쪽 다리를 하나 내딛고, 머리로 생각하고, 다시 오른쪽 다리를 내딛어 걸어가라는 뜻이다. 그만큼 신중하게 생각하고 행동하라는 뜻이 된다.

여기에서 창업의 대상이 되는 '시장'과 '방법'은 소매업태만에 한정하여 다른 말로 표현하면, 시장은 '업종(業種)'을 선택한다는 말이고, 방법은 '업태(業態)'를 선택한다는 말로도 좁게 해석할 수 있다.

① 업태: 한국표준산업분류상 영업의 종류 중 대분류에 속하는 것으로 가격대와 집하형식으로 기업을 분류하는 것이다. 즉, 영업 또는 기업의 소매업의 형태로서 '어떠한 방법으로 판매하고 있는가'의 의미이다.
② 업종: 업태 중에서 세분화된 사업의 분류를 뜻하는 것으로 영업 또는 사업의 소매업 형태로서 '무엇을 판매하고 있는가'를 의미한다.

2. 경영(經營)

본인이 생각하는 '경영'이란 무엇인가를 적어보시오

경영에서 경(經)은 실타래를 잘 '짜다'라는 뜻이고, 영(營)은 군대의 '진영(陣營), 또는 주둔지'라는 뜻이다.

그러므로 경영은 '군사의 진영을 잘 짜다'라고 말할 수 있다.

즉, 전쟁에서는 군사, 물자, 재물을 유기적으로 잘 짜야 이길 수 있듯이, 경영에서는 경쟁자와 싸워 이길 수 있도록 사람, 물건, 돈을 효과적, 효율적으로 잘 짜서 만드는 것이다.

여기에서 효과적이라는 말은 무슨 일을 하면 성과와 반드시 연계되어 있어야 한다는 말이고, 효율적이라는 말은 여러 방법 중에 가장 많은 성과가 높은 것을 선택해야 한다는 말이다.

경영 : 군사의 진영을 짜다

군사	물자	재물
(사람)	(물건)	(돈)

지금까지 논의된 바를 정리하면 경영이란 시작한 업(業)을 효과적, 효율적으로 운영하기 위해 사람, 물건, 돈을 잘 짜서 배치하는 것이라고 말할 수 있다. 그래서 경영을 영어로 관리(management)라고 말하는 것이다. 즉, 이미 만들어진 조직을 가장 효율적 효과적으로 관리하는 방법을 배우는 것이 경영학이 된다.

그렇다면, 창업과 경영의 관계를 유추할 수 있게 된다. 사업(business)을 창업을 하고 난 후에 효율적 효과적 경영(management)을 하게 된다. 그래서 본 수업은 창업을 먼저 배운 후 경영을 배운다.

창업	➡	경영
업(business)		관리(management)

경영학에서 '사람'을 가장 효과적 효율적으로 다루는 것을 인사관리, 조직관리라는 이름으로 배운다. '돈'을 가장 효과적 효율적으로 유입하거나 투자하는 것을 배우는 것을 재무관리라고 한다. '물건'을 가장 효과적 효율적으로 생산하고 유통시키는 것을 생산관리에서 배우고, 마케팅에서는 고객에게 물건을 지속적으로 공급하고, 고객은 기업에게 돈을 지불하는 '교환'을 가장 효율적 효과적으로 하는 방법을 배우게 된다. 더 나가 고객에게 지속적으로 '가치'를 창출해 나가는 과정을 배우게 된다.

경영학에서 사용하는 언어가 주로 군사용어인 이유는 전쟁에서의 의사결정과 기업의 생존의사결정이 동일하기 때문이다. 전쟁 때 장군들은 어디서 싸울 것인가를 결정하고, 어떤 방법으로 싸울 것인지를 결정한다. 마찬가지로 기업

그림 1-1 전쟁과 기업경영의 유사성

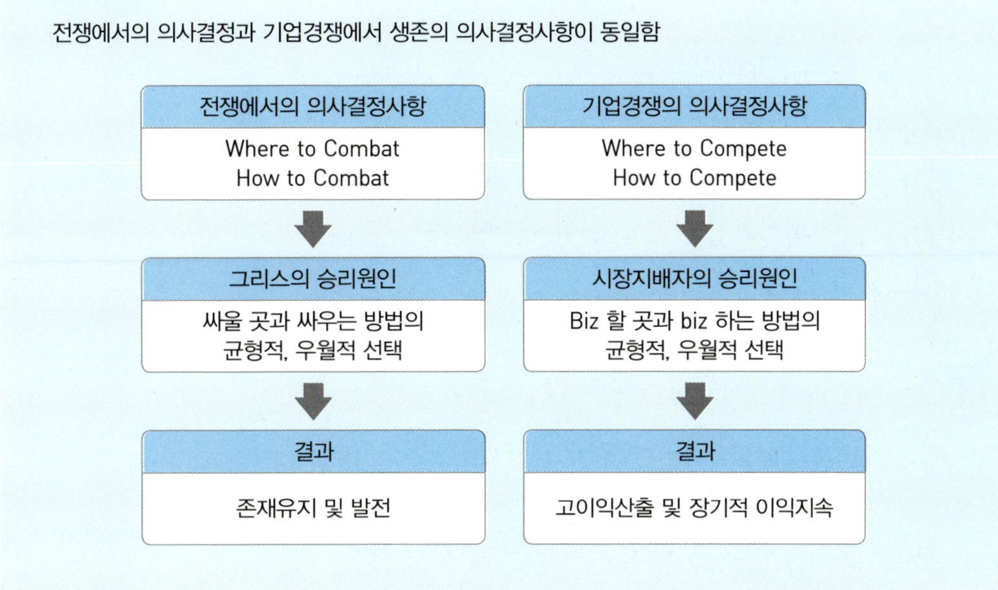

가는 어디서 사업을 할 것인지를 결정하고, 어떤 방법으로 경쟁할지를 결정하게 된다.

3. 관리(management)와 윤석철의 생존부등식

창업이 주로 '어디서 싸울 것인가'에 관련된 부분이 많다면, 창업 후 경영관리(management)는 어떻게 싸울 것인가'에 관련된 부분이 많다. 윤석철(1991)은 기업이 생존하기 위해 경영자가 반드시 명심하고 행동해야 할 관리의 규범을 두 가지로 정리하여 제시한 바 있다.

> 기업이 생존하기 위해서는 고객이 느끼는 제품의 가치는 가격보다 높아야 하고, 가격이 제품의 원가보다 높아야 한다.

그림 1-2 윤석철(1991)의 생존부등식

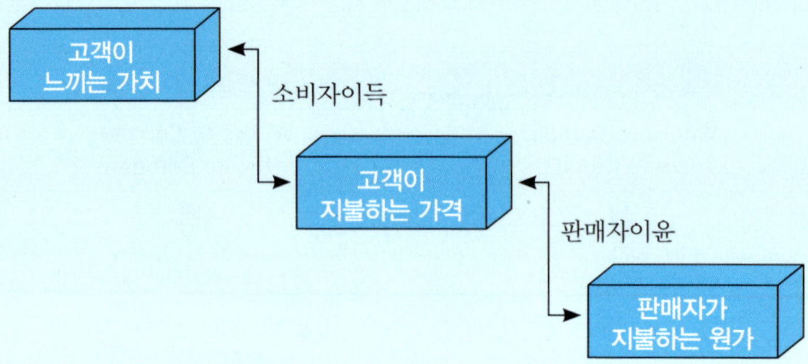

이 두 부등식이 유지되어야 기업이 생존할 수 있다. 이를 윤석철(1991)은 생존부등식이라 불렀다. 기업경영은 이 부등식을 유지하는 것이다. 기업이 판매하는 제품이나 서비스의 가치가 항상 가격보다 높으려면, 경영자는 끊임없이 상품의 가치를 높이는 일을 해야 한다. 이를 경영자의 경영활동에서 창조성이 필요하다고 하는 것이다.

또한 제품이나 서비스의 원가는 가격보다 항상 낮아야 한다. 경영자는 상품의 원가를 끊임없이 낮추려는 경영활동을 해야 한다. 이를 경영자의 경영활동에서 생산성이 필요하다고 정리할 수 있다. 따라서 경영자의 관리는 창조성을 강화하고 생산성을 높이는 데 주력해야 한다.

4. 요약

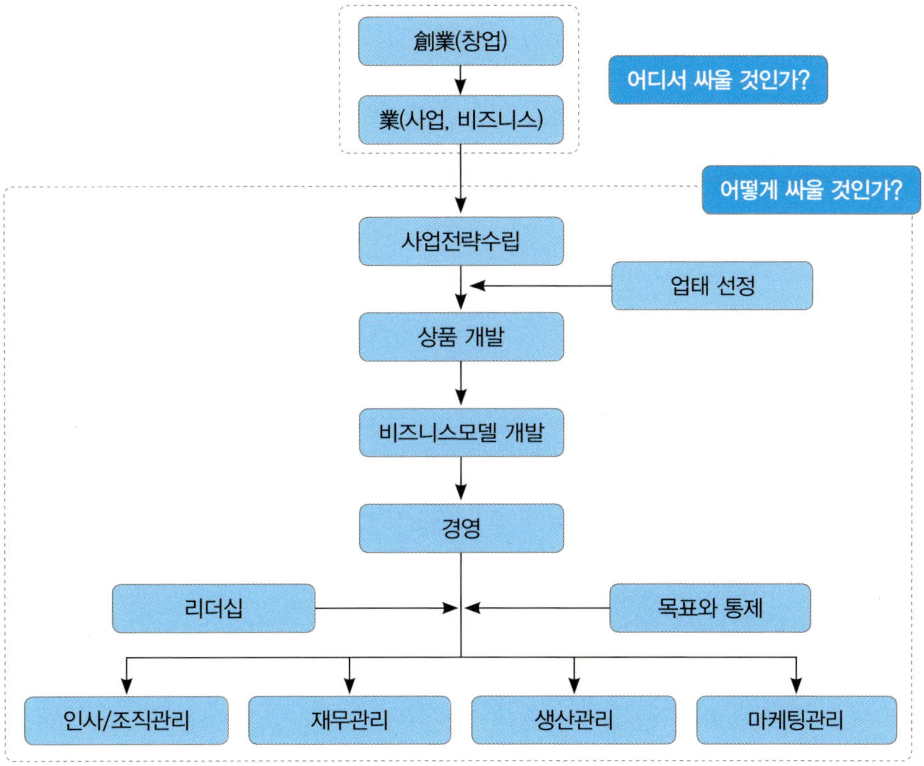

5. 학생들이 토론할 과제

- 최근 몇 년간 창업한 회사에서 싸울 곳을 잘못 선택해서 회사가 문을 닫은 사례를 찾아라.
- 최근 몇 년간 창업한 회사에서 창조성이 없어서 회사가 문을 닫은 사례를 찾아라.
- 최근 몇 년간 창업한 회사에서 생산성이 부족해서 회사가 문을 닫은 사례를 찾아라.

참고문헌

윤석철(1991), 프린시피아 매네지멘타. 서울: 경문사.

Chapter 2

業의 결정
(어디서 싸울 것인가?)

02

제1장에서 우리는 어떤 사업을 하느냐를 결정하는 것이 경영의 시작이라는 것을 배웠다. 사업을 결정하는 것은 경영자가 자신의 시간과 자원을 투입하여 싸울 곳을 결정하는 것이다.

- 많은 역사학자들은 임진왜란 때 신립 장군이 충주탄금대에서 왜군을 맞아 배수진을 친 것에 대해서 그 곳이 싸우기에 적합한 곳이었는지 많은 논란을 벌여 왔다.
- '명량'이라는 영화를 보고 나서 어떤 이는 이순신 장군이 울돌목에서 적은 함정 규모로 왜군의 많은 전함을 대파한 것은 싸울 곳을 잘 선택했기 때문이라고 극찬한다.
- 제2차 페르시아전쟁에서 페르시아 왕 크세르크세스가 이끄는 페르시아의 400만 육군은 그리스 스파르타 왕 레오니다스가 이끄는 단 4,000명의 군사들에게 중부 그리스로 가는 통로에 해당하는 테르모필레의 애로(隘路)를 통과하지 못해 고전했다. 비록 내통자(內通者)가 생겨 돌파당함으로써 레오니다스를 비롯한 전원이 전사하였지만.
- 코코 샤넬은 의류만을 만들다가 향수를 판매한 최초의 디자이너였고, 그 이후 많은 디자이너가 향수를 판매하는 것에 대해서 아주 자연스러운 일로 받아들이기 시작했다.
- 마이클 조던은 농구를 그만두고 프로야구를 시작했다가 다시 농구에 복귀하기를 두 차례 반복했다.
- 정주영 회장은 우리나라 최초의 자동차 제조 사업을 시작했다.
- 이병철 회장은 우리나라 최초로 반도체를 생산하는 사업을 시작했다
- 해태와 롯데는 우리나라에 처음으로 껌을 국산화하여 시장에서 판매했다.

우리는 위의 사례들이 모두 '어디서 경쟁할 것인가?' 혹은 '어디서 싸울 것인가?'에 관한 문제임을 알 수 있다. 경영자가 내리는 의사결정내용을 잘 분류해 보면, 우리는 그들의 시간 중 많은 부분을 '어디서 경쟁할 것인가(where to compete)'와 '어떻게 경쟁할 것인가 (how to compete)'로 나눌 수 있다.

그렇다면 우리들이 배운 경영학 책을 한 번 살펴보자. 대부분의 내용이 '어디서 경쟁할 것인가'보다는 '어떻게 경쟁할 것인가'에 대한 주제로 거의 가득 차 있음을 발견하게 된다. 이 책의 지은이들은 이런 점에 주목하여 이 장에서 '어디

서 경쟁할 것인가'에 대한 주제를 다루려고 한다.

독자 여러분이 '창업'하고자 하는 아이템이 무엇인지 아래 네모 칸에 적어 보자.

독자 여러분이 '창업'하고자 하는 아이템을 살 만한 사람들이 연간 몇 명이나 될지 아래 네모 칸에 적어 보자.

독자 여러분이 '창업'하고자 하는 아이템과 판매경쟁을 할 경쟁제품이나 경쟁사를 아래 네모 칸에 적어 보자.

독자는 앞의 세 빈 칸을 채움으로써 내가 창업으로 사업을 전개할 상품이 결정됨과 동시에 시장크기와 경쟁자가 결정된다는 것을 깨닫게 될 것이다.

'어디서 싸울 것인가'의 의사결정은 크게 네 가지 선택으로 나누어진다. 첫 번째로 경영자는 우리 회사가 과연 어떤 제품이나 서비스를 고객에게 제공할 것인지를 먼저 결정해야 한다(제품선택: product selection). 제품 또는 서비스(앞으로 둘을 합쳐 상품이라 부르자)선택이 이루어지자마자 이 상품을 구매할 목표시장의 윤곽이 잡힌다(시장선택: market selection). 시장이 결정되면 우리 상품과 경쟁하게 될 경쟁사가 나타나게 된다(경쟁자선택: competitor selection). 따라서 첫 번째 제품선택은 시장선택과 경쟁사선택을 동시에 이루어지게 한다. 가능하면 경영자는 고객은 많고, 경쟁자는 없거나 적은 시장을 선택해야 시장에서 생존할 가능성과 이익을 더 많이 창출할 가능성을 높일 수 있다. 우리는 제1장에서 소매업에 한정하여 '업종'을 선택한다고 말할 수 있다. 즉, 업종 선택에 따라 고객 경쟁사의 수와 강도가 결정된다.

그림 2-1 '어디서 싸울 것인가'의 선택순서와 분류

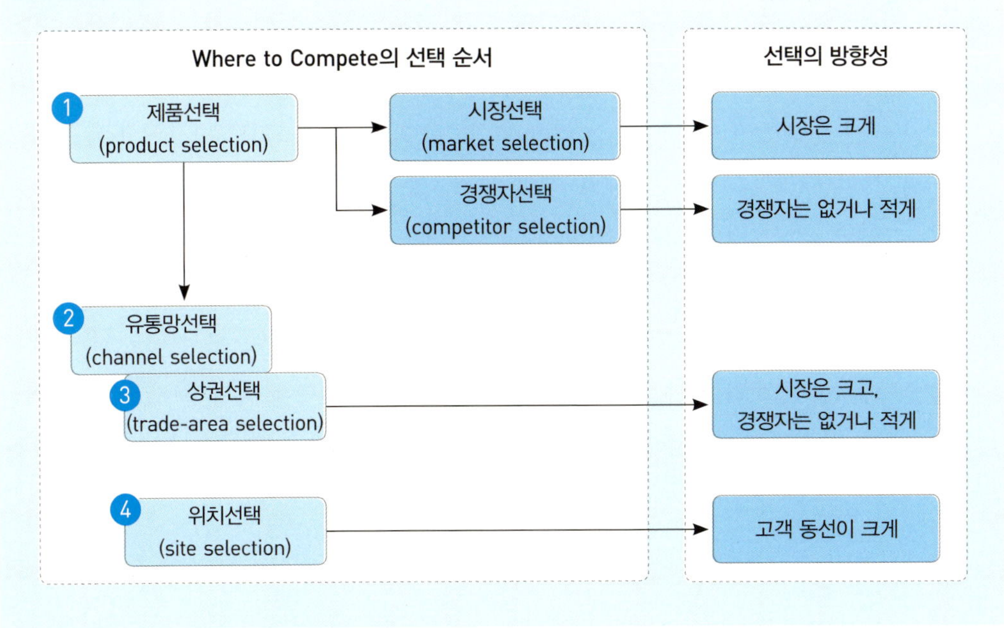

두 번째 '어디서 싸울 것인가'에 관련된 의사결정은 유통망선택(channel selection)이다. 경영자는 우리 상품을 어느 유통망을 통해 목표시장에 전달하고 판매를 해야 하는지를 선택해야 한다. 온라인에서 판매를 할까? 오프라인에서 팔까? 내가 직접 팔까? 아니면 다른 사람이 내 물건을 팔게 할까? 유통업자에게 맡겨서 판매를 할까?

만약 우리가 오프라인에서 상품을 판매하기로 결정했다면, 경영자의 세 번째 '어디서 싸울 것인가'의 의사결정은 바로 상권선택(trade-area selection)이다. 경영자는 가능하면 고객은 많고(시장은 크고) 경쟁자가 없거나 적은 상권을 눈여겨 찾아내야 한다. 이 때 상권 선택은 매우 신중해야 한다. 한번 결정된 상권에는 많은 비용이 투자되고, 만약 이 상권에서 매장을 철수하는 경우에는 막대한 물질적 정신적 피해가 남기 때문이다.

네 번째는 오프라인/온라인에서 구체적으로 어느 위치에 입점할 것인가에 대한 문제이다(site selection). 동일한 오프라인 상권이나 온라인 사이트에서도 어느 위치에 고객에게 노출되어 있느냐가 기업의 생존이나 이익에 큰 영향을 미치게 된다. 예를 들어 음식점은 1층은 되고, 2층은 안 된다는 속설이 있지 않은가? 또는 이 골목은 되는데, 저 골목은 안 된다는 식의 조언도 존재한다. 온라인 c2c사이트의 위쪽에 있어야 고객에게 노출되는 빈도가 가장 많아지지 않겠는가?

우리는 위의 네 가지 의사결정 중 가장 먼저 제품선택(더 정확하게는 제품카테고리 선택(product category selection)을 돕기 위한 몇 가지 기법을 소개하고자 한다. 먼저 기존 마케팅관리 책에서 다루는 기법 중 '어디서 경쟁할 것인가'의 의사결정을 도울 수 있는 BCG, GE, Ansoff 모형을 간단히 설명한 뒤, 이들 개념이 모두 오마에 겐이치(大前研一)의 '전략삼각형' 개념으로 설명할 수 있음을 제시할 것이다. 마지막으로 아벨(Abell)의 업의 개념을 통해 시장/경쟁사/자사를 동시에 분석할 수 있는 방법을 소개하고자 한다.

1. BCG (Boston Consulting Group)의 시장분석 매트릭스

이 기법은 미국의 경영컨설팅회사인 보스톤 컨설팅그룹(Boston Consulting Group)에 의해 개발된 기법으로, 한 회사가 갖고 있는 사업부나 제품들을 대상으로 그중 어느 사업부나 제품에서 사업을 계속하고, 그중 어느 사업부나 제품에서는 사업을 그만두어야 하는지에 대한 의사결정을 내리게 해 준다.

〈그림 2-2〉에서 보듯이 이 모형의 가로축은 경쟁사 대비 상대적 시장점유율로 되어 있고, 세로축은 평균시장성장률이며, 분석단위는 회사의 사업부나 제품이다. 각 사업부나 제품의 시장점유율과 평균시장성장률을 기초로 〈그림 2-2〉와 같이 위치 짓게 되면 각 위치마다 다음과 같은 전략적 해석과 의사결정이 가능하게 된다.

스타(star)국면에 있는 분석대상들은 시장성장률은 10% 이상이며 동시에 경쟁사보다 상대적 시장점유율이 높다. 이 국면에 속한 사업은 자원을 집중 투입하여 성과를 극대화할 수 있다. 따라서 이 국면에 속한 사업은 계속 투자를 하며 경쟁사와 싸워야 한다.

골칫거리(dog)국면에 있는 사업부나 제품은 시장성장률이 10% 미만으로 저성장하면서도 다른 경쟁사보다 적은 시장점유율을 갖게 된다. 이 국면에 우리

그림 2-2 BCG 사업분석 모형

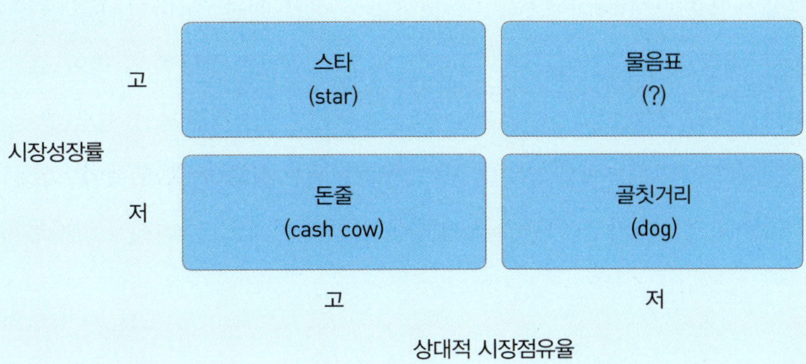

사업이 속하게 되면 투자하지 않고 철수시키는 것이 필요하다.

돈줄(cash cow)에 해당하는 사업부나 제품에는 시장성장률은 낮으나 다른 경쟁사보다 상대적으로 시장점유율이 높아서, 적은 투입만으로도 계속적으로 이익을 창출할 수 있는 기회를 갖게 된다. 이 경우를 수확(harvest)국면이라고 한다.

물음표(question mark)에 해당하는 것은 시장점유율은 낮으나 시장성장성은 높은 곳에 사업부가 속해 있는 것이다. 가령, 중국 핸드폰에 시장에 진출한 신규 중국기업의 경우가 해당한다. 이 국면에 속하게 되면 자원을 집중 투자하여 사업을 키우던지 사업을 접든지 하는 의사결정이 필요하다.

결과적으로 스타국면이나 돈줄국면에 있으면 싸우고 골칫거리국면에 있으면 이 사업은 하지 말라는 것이다. 그러나 BCG 모델은 한 회사의 사업부나 제품에 대한 전략적 의사결정을 내리는 데 기여하고 있음에도 불구하고 다음과 같은 한계점을 가지고 있다.

- 기존 사업부나 제품을 분석 대상으로 하는 과거지향적 성격이 있다.
- 분석기준이 단순하다.
- 분석단위의 사업을 어떻게 정의하느냐에 따라 사업단위의 크기 및 위치가 달라진다.

위의 한계점을 보면 주로 현재 갖고 있는 사업단위를 분석하는 데는 적당하지만 미래에 유망한 사업부나 제품을 개발하는 데는 한계적인 것을 알 수 있다. 반도체사업을 1970년대에 시작한 삼성의 이병철 회장이 이 그림을 그리고 의사결정을 내렸으면 '반도체'라는 제품은 처음부터 분석단위에서 제외되어 있었을 것이다.

독자 여러분이 생각하는 '삼성 갤럭시 핸드폰'을 BCG모형에 의해 분석하고, 당신이 경영자라면 어떤 의사결정을 내리겠는가?

- 2019년에 한국에서 갤럭시 핸드폰의 시장점유율은 매우 크지만, 성장률이 둔화된 것 같다.
- 독자의견과 의사결정: 계속 생산 판매할 것인가? 아니면 철수할 것인가에 대한 의견을 제시하라

- 2018년에 중국에서 갤럭시 핸드폰의 시장점유율은 2010년대 초반에 비해 매우 작아졌고, 시장성장률은 고급핸드폰 시장에서 둔화된 것 같다. 저가시장의 시장성장률은 증가하고 있다.
- 독자의견과 의사결정: 싸울 것인가? 아니면 철수할 것인가에 관한 독자의 의견을 제시하라

- 2018년에 일본에서 갤럭시 핸드폰의 시장점유율은 매우 적고, 시장성장률은 그저 그렇다.
- 독자의견과 의사결정: 싸울 것인가? 아니면 철수할 것인가?에 대한 의견을 제시하라.

2. GE모형

GE모형(General Electric Model)은 General Electric이 BCG 모형의 결함을 극복하기 위하여 개발한 기법으로, 크게 '시장매력도'와 '경쟁적 위치'의 2차원으로 구성되어 있다. 그러나 각각의 차원은 가중치를 달리하는 다속성(多屬性) 변수로 이루어져 있는데, '시장매력도'의 속성은 시장규모/시장성장률/이익추세/경쟁강도 등이고 '경쟁적 시장위치'의 속성은 시장점유율 및 성장추세/생산능력 등이다.

표 2-1 GE 모형 축에 들어가는 변수들 예시

시장매력도		경쟁적 위치	
•총 시장규모	•연간 시장성장률	•시장점유율	•관리인력
•역사적 이익추세	•경쟁강도	•제품의 질	•점유율 성장추세
•기술적 필요조건	•인플레 대응력	•유통망	•상표의 명성
•에너지 필요조건	•환경의 영향	•촉진의 효율성	•생산능력
		•생산능률	•단위원가
		•원자재 공급	•연구개발 성과

GE모형에서는 시장매력도가 높고 경쟁적 위치가 강하면 투자하는 의사결정을 내리고, 시장매력도가 낮고 경쟁적 위치가 약하면 철수하는 의사결정을 내리게 된다.

이 모형은 BCG모형의 분석기준이 단순하다는 단점을 보완하고, 다속성 변수로 분석기준을 제시하고 있다는 장점이 있으나, 역시 과거지향적인 분석이라는 한계는 벗어날 수 없다. 또한 이들 다속성 변수들 간의 상대적 중요성을 어

그림 2-3 GE 모형

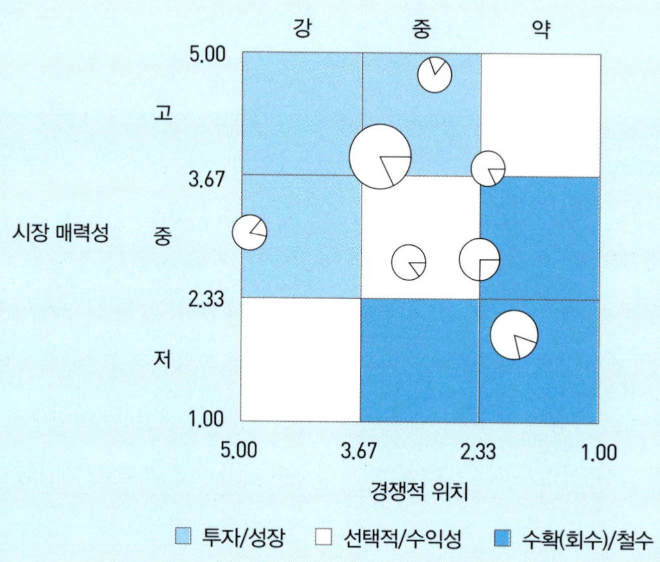

떻게 구성하느냐에 따라 분석의 결과가 모두 달라진다. 따라서 분석가들이 어떤 사업정의를 내리느냐, 어떤 상대적 가중치를 적용하느냐에 따라 전혀 다른 의사 결정을 내릴 수 있는 여지를 발견하게 된다.

그렇다면 BCG모형과 GE모형의 공통점은 무엇일까? 그것은 두 모형이 모두 기존 조직 상황 및 상태에 반응적(reactive)인 성격으로 '어디서 경쟁할 것인가'라는 대답으로 사업부나 제품을 골라내고 있다는 점이다. 그렇다면 조직의 미래를 찾아나서는 전향적(proactive)인 자세의 '어디서 경쟁할 것인가'에 대한 정답을 주는 틀은 없을까? Ansoff(1958)의 모형에서 우리는 분석적이지도 않고 오래되었어도 매우 통찰력있는 결과를 찾을 수 있다.

3. 앤소프(Ansoff) 모형

1958년에 개발된 이 모형은 한 축에는 '시장에서 새로움'이라는 축을 쓰고 다른 한 축에는 '제품의 새로움'이라는 축을 쓰는 2차원의 매트릭스로 이루어진다. 이 모형은 어디서 싸울 것인가(where to compete)'에 관한 문제를 단순히 기존시장과 신시장으로 나누었지만, '어떻게 싸울 것인가 (how to compete)'에 관

그림 2-4 Ansoff 모형

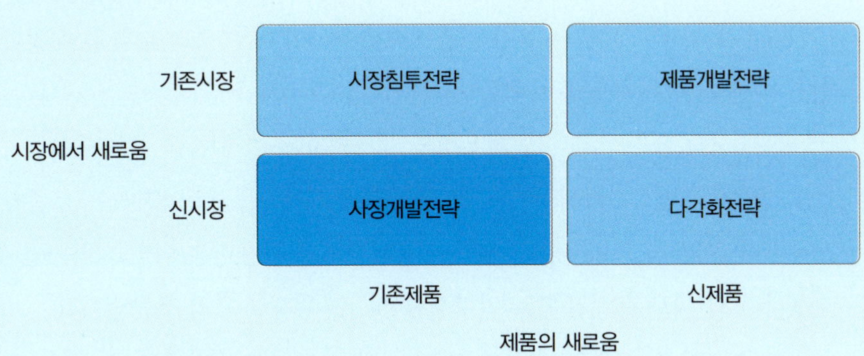

한 경쟁무기를 기존제품과 신제품으로 구분하여, 단순하지만 두 가지 개념을 결합시키고 있는 장점을 가지고 있다.

첫째, 시장침투전략을 보면, 기존시장에 기존제품을 갖고 경쟁하는 경우를 말하며, 우리 회사가 차별화전략과 원가우위전략을 쓰지 않는다면 많은 이익을 낼 가능성은 거의 없게 된다. 이 전략을 사용하게 되면 경쟁이 심화되어 이 사업에 뛰어든 기업들은 생존하기 힘들게 된다. 2000년대 초반 대학로 혜화역 '라' 출구에서 100m 이내에 총 8개의 안동찜닭 전문점이 발견되었는데, 다른 사업자가 또다시 안동찜닭으로 매장을 내는 경우가 여기에 속한다. 2010년대 중반, 대학로 상권에서 안동찜닭으로 사업은 하는 경우는 드물다.

둘째, 시장개발전략은 기존제품을 갖고 신시장에 들어가는 방법으로는 한국에서 뜬 곱창밴드를 갖고 LA에 가서 판매를 한다거나, 한국 사람이 노래방을 좋아하므로 한국사람이 많이 모여 있지만 노래방이 적은 달라스/휴스톤 등에 노래방을 내는 경우를 말한다. 이 방법은 기존에 검증된 제품으로 욕구나 필요가 기존시장과 비슷한 새로운 시장에 들어가 싸우는 방법을 말한다. 이 시장개발전략에는 크게 세 가지 접근법이 있는 듯하다.

① 계층적 접근법: 사회적으로 하위계층이 상위계층의 제품을 선호한다는 점을 이용하여, 연예인들이 잘 다니는 청담동의 커피집에서 유행한 에스프레소 커피를 사무실들이 밀집한 여의도에 들고 들어와 매장을 개설한 경우가 여기에 해당한다. 상위계층이 하위계층의 제품을 선택한 경우도 있다. 청바지가 그 사례이다. 에미졸라의 소설 〈제르미날〉을 보면 많은 광부들의 유일한 작업복이 청바지였음을 알 수 있다. 이것이 계층적으로 확대되어 영국의 귀족들도 청바지를 입고 다닌 것을 독자들도 기억할 것이다.

② 효용적 접근법: 베이킹 파우더의 제조업자는 이 제품을 빵 굽는 데 사용하라고 만들었지만 그 외에 어머니는 냉장고 탈취제로, 군인아저씨는 무좀약으로 사용한다. 이렇게 소비자들이 제품이나 서비스를 사용하는 여러 사용처를 잘 관찰했다가 그 새로운 사용처로 위치정립하는 경우가 효용적 접근법이다.

③ 지리적 접근법: 이 접근법은 한 지역에서 채택된 제품을 이 제품이 판매

될 것으로 예상되는 다른 지역으로 판매지역을 확대하는 것을 말한다. 1990년대 말, 한국에서는 PC방이라는 세계적으로 유래가 없는 매장형태가 등장했다. 이제 PC방은 시드니에서도 볼 수 있고, 중국 북경과 상해에서도 PC방을 볼 수 있다.

셋째, 제품개발전략은 신제품을 갖고 기존시장에 들어가는 방법이다. 이 경우는 시장이 이 제품을 받아들일 수 있는 여건이 되었는지에 대한 충분한 조사가 선행될 필요가 있다. 즉, 홍서범이라는 가수가 랩이라는 형식의 '김삿갓'이라는 곡으로 가요시장에 진입했을 때 시장은 반응하지 않았으나, 서태지가 '난 알아요'라는 곡을 발표했을 때는 시장이 반응한 예에서 알 수 있듯이, 시장이 제품을 받아들일 수 있는 상태인지에 관한 확인이 필수적이다.

넷째, 다각화전략은 신제품으로 신시장에 들어가는 방법으로 시장이 그 제품을 받아들인다면 좋겠지만, 그렇지 않으면 매우 위험한 방법이다.

우리는 Ansoff모형을 보면서 '시장 – 제품 적합도'라는 개념을 생각하게 된다. 위에서 논의된 네 가지 전략은 모두 이 적합도 여부에 의해 성공 및 실패가 결정될 것이다. 이 모형은 현재 한 회사가 갖고 있는 특정 사업부나 제품을 고집하고 있지 않다. 자유롭게 새로운 제품이나 형태를 이 틀에 견주어 어디에 속하는지를 확인할 수 있다. 마케터나 경영자는 창의적으로 새로운 제품이나 사업영역을 이 적합도에 끊임없이 적용시키고, 거기서 살아남은 제품이나 사업영역에서 경쟁하게 될 때 우리는 그 회사가 성공할 확률을 더욱 높일 수 있음을 확신하게 된다.

그렇다면 Ansoff모형과 기존 BCG와 GE 모형에 내제되어 있는 공통점은 무엇일까? 그것은 시장/경쟁사/자기자신을 분석대상으로 하고 있다는 점이다. BCG나 GE모형이 주로 경쟁사와 자기자신을 분석도구로 했다면, 그 분석영역을 Ansoff모형이 '시장'이라는 개념을 더 많이 강조하고 있다는 차이점이 있을 뿐이다. 우리는 이렇게 싸울 곳을 정할 때, 경쟁사/자기자신/시장의 세 개념을 이용해야 함을 종합적으로 알 수 있는데, 이는 오마에 겐이치가 이미 주장한 '전략삼각형'이라는 개념을 통해 정리할 수 있다.

4. 오마에 겐이치의 전략삼각형

오마에의 전략삼각형은 ① 자신이 가장 잘 하는 분야에서, ② 경쟁사가 별로 없는 곳에서, ③ 고객이 있는 곳에서 경쟁하라는 개념을 가지고 있다. 이 세 가지 조건이 만족되는 영역에서 경쟁하게 되면, 자사제품으로 고객을 경쟁사보다 더 만족시킬 수 있을 것이라고 지적하고 있다.

이 논리는 제품수명주기의 도입기처럼 경쟁사가 별로 없는 곳에서 시장이 그 제품을 받아들일 수 있는 상황 및 시기에 들어가서 경쟁하라는 것이다.

그림 2-5 오마에 겐이치의 전략삼각형

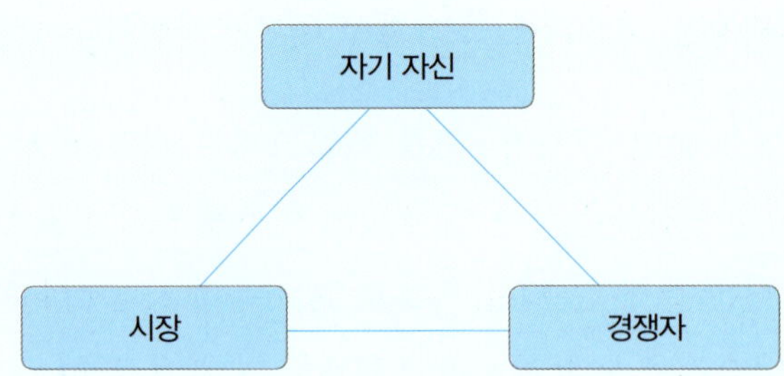

5. Abell의 업 개념

우리는 지금까지 논의된 사업분석모형이 오마에 겐이치의 시장(고객), 경쟁사, 자기분석만으로 모두 설명할 수 있음을 정리한 바 있다. 경쟁사의 제품보다 높은 가치의 제품을 많은 수의 고객을 가진 시장에서 싸우라는 것이다.

따라서 우리는 고객에게 선보이는 '높은 가치'의 제품이나 서비스는 기업의 전략적 목표에 부합하는 동시에, 경쟁사와 견주어 시장에서 포지셔닝(positioning)되어야 한다. 이 전략의 부합성을 판단하는 기준으로 Abell은 목표시장

(who), 제품/서비스가치(why), 제품/서비스공급형태(how or what)를 제시한다. Abell이라는 사람은 이 세 가지 기준으로 '業의 개념(Biz Definition)'이라는 것을 제시한 바 있다.

Abell의 업 개념은 세 가지 구성요소로 되어 있다. 하나는 우리 회사가 누구를 대상으로 사업을 하고 있는지를 알아낼 수 있는 '고객집단'이다. 〈그림 2-6〉의 그림을 보면 Abell 틀의 X축은 우리 제품이나 서비스를 현재 사용하거나 미래에 사용가능할 고객집단을 나열하는 축이다.

두 번째 구성요소는 그 고객집단이 왜 우리의 제품/서비스를 사는지를 분석할 수 있는 '고객욕구'이다. 이 기준을 활용하기 위해 Y축은 이 고객들이 왜 이 제품이나 서비스를 구매하는지에 대한 욕구를 나열하는 축이다.

세 번째는 그 욕구를 만족시키기 위해 우리 회사가 채택하고 있는 '기술'이다. Z축은 X축의 고객이 Y축의 욕구를 만족시키기 위해 기업이 어떤 제품이나 서비스를 제공해야 하는지에 대한 기술이나 콘텐츠(contents)를 나열하는 축이다.

그림 2-6 Abell의 업 개념(Biz definition) 그림

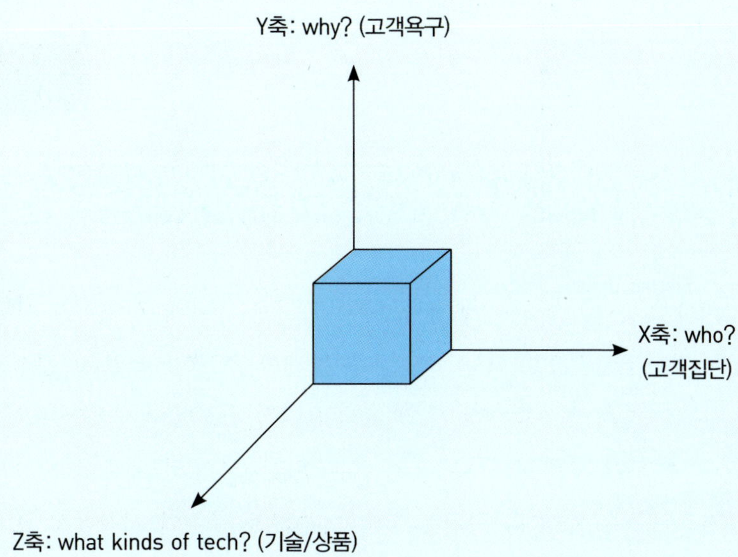

우리 회사가 진입하려고 하는 시장에 실제 우리 상품으로 진입했을 경우에, 경영자는 첫째, X축의 고객집단인 목표시장에 적합도가 높은지, 둘째, Y축의 고객욕구를 잘 만족하고 있는지, 셋째, Z축에 제시된 우리 상품이 Y축을 만족시키는 도구인지를 점검해야 한다.

우리 회사 상품과 경쟁사의 것을 그림으로 그리면, 겹치는 부분이 보이는데 이 곳이 바로 직접경쟁하는 곳이다. 창업자는 우리 상품과 경쟁상품이 경쟁하게 할지 경쟁하지 않을지를 결정해야 하는데, 전략삼각형 개념으로 보면, 가능하면 경쟁사와 겹치지 않는 곳에 사업을 위치하면 좋다. 그 곳이 경쟁사는 없고 고객은 있고 우리 회사만 존재하는 시장일 테니까 말이다.

논의의 편리성을 위해 중국에서 판매되는 껌 사례를 들어보자. 〈그림 2-7〉은 중국시장에 진출한 Wrigley의 Double Mint상표와 Mentos상표를 Abell의 업 개념에 적용시켜 본 것이다. X축은 연령을 적용하여 고객을 시장세분화했다. Wrigley는 어린아이에서 노인에 이르는 폭넓은 연령층을 목표시장으로 하고

그림 2-7 Abell 업 개념에 Double Mint와 Mentos 적용해 보기

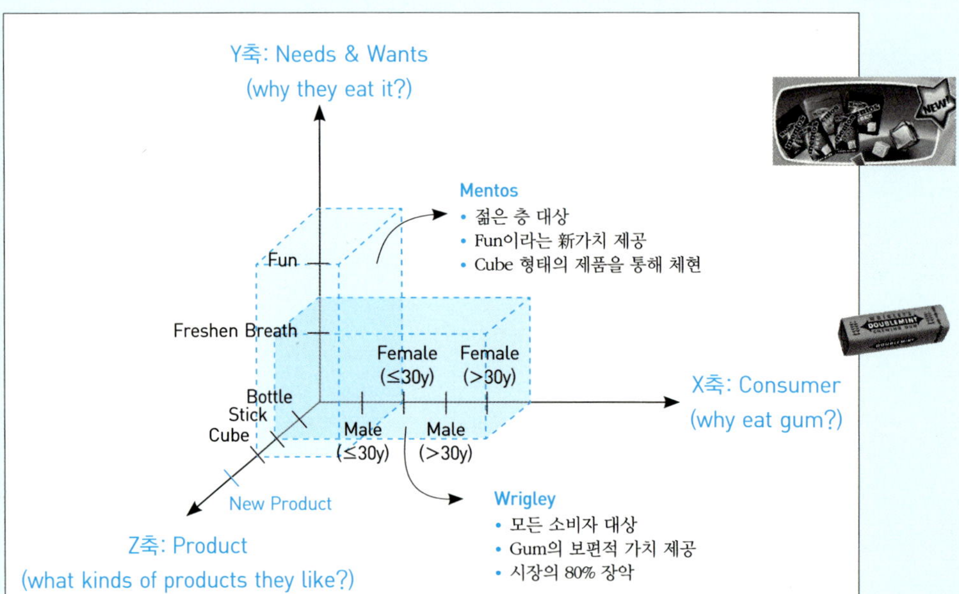

있는 반면에, Mentos는 연령적으로 젊은이를 선택적으로 목표시장으로 하고 있음을 알 수 있다.

Y축은 목표시장의 고객이 제품을 구매하는 이유를 보여준다. 주로 Wrigley는 입안의 상쾌함을 얻기 위해 제품이 구매되며, Mentos는 재미를 얻기 위해 제품이 구매되고 있음을 알 수 있다. 그래서 Z축에서 Mentos는 재미를 주는 껌을 표현하기 위해 cube통에 넣어 제품을 판매하는 차별화전술을 사용하고 있다.

6. 학생들이 토론할 과제

- 최근 몇 년간 창업한 회사에서 싸울 곳을 잘못 선택해서 회사가 문을 닫은 사례를 찾아라. 그 사례를 Abell의 업의 개념으로 〈그림 2-6〉 위에 그려보아라.

경쟁자가 없는 사업아이템을 적어 보아라.

경쟁사가 없는 사업아이템이 존재하는 시장을 찾아 적어보아라.

7. 요약

창업하는 사람이 창업아이템을 선정할 때 반드시 점검해야 할 사항은 세 가지이다.

- 시장은 큰가? 또는 클 가능성이 있는가?
- 경쟁자는 적은가?
- 우리 자신이 그 상품을 생산 판매하는 데 경쟁우위가 있는가?

블루오션과 레드오션

현재 존재하지 않거나 알려져 있지 않아 경쟁자가 없는 유망한 시장을 가리킨다. 블루오션에서는 시장 수요가 경쟁이 아니라 창조에 의해 얻어지며, 여기에는 높은 수익과 빠른 성장을 가능케 하는 엄청난 기회가 존재한다. 그리고 경기 법칙이 아직 정해지지 않았기 때문에 경쟁은 무의미하다. 따라서 블루오션은 아직 시도된 적이 없는 광범위하고 깊은 잠재력을 지닌 시장을 비유하는 표현이다. 이 용어는 프랑스 인시아드 경영대학원 국제경영 담당 석좌교수이며 유럽연합(EU) 자문위원인 김위찬 교수가 학교 동료인 르네 모보르뉴 교수(인시아드 전략 및 경영학 교수, 세계경제포럼 특별회원)와 함께 제창한 기업 경영 전략론 '블루오션 전략'에서 유래했다. 〈블루오션 전략〉은 2005년 2월 하버드 경영대학원 출판사에서 단행본으로 출간돼 순식간에 베스트셀러 목록에 올랐고, 전 세계 1백여 개국에서 26개 언어로 번역·출간됐다. 블루오션 전략은 기업들은 발상 전환을 통해 산업혁명 이래로 끊임없이 거듭해 온 경쟁 원리에서 벗어나 고객에게 차별화된 매력 있는 상품과 서비스를 제공하여 누구와도 경쟁하지 않는 자신만의 독특한 시장을 만들어야 한다는 것이다. 이와 반대로 이미 잘 알려져 있어 경쟁이 매우 치열한 시장은 레드오션(red ocean)이라고 한다.

[네이버 지식백과] 블루오션 [blue ocean] (시사경제용어사전, 2010. 11)

참고문헌

곽영식(2005), 마케팅관리: 기법과 사례를 통한, 서울: 대명출판사.

곽영식(2013), 창업을 위해 미학에서 배우는 신제품개발, 서울: 피앤씨미디어.

Chapter 3

전략과 경쟁우위

03

제2장에서 우리는 어떤 창업아이템과 사업아이템을 가지고 경영을 하느냐를 결정한 바 있다. 이제 우리가 하는 사업아이템이 갖추어야 할 조건에 대해 생각해 보자. 상품을 생산하고 판매하다보면 경쟁사와 경쟁해야 한다. 다행히도 우리가 선택한 사업아이템이 독점을 하고 있다면 가장 최상이겠지만, 그런 시장은 드물기 마련이다. 따라서 경쟁자가 존재한다는 것이 사업의 기본이다. 자 그렇다면, 경쟁자와 경쟁하여 이길 수 있으려면 기업은 무엇을 갖추어야 하는가? 우리는 그것을 전략이라 부른다.

- 장군은 조총을 가진 왜군과 싸우기 위해 사정거리가 긴 대포를 준비했다. 조선수군은 왜군의 사정거리 밖에서 공격을 했기 때문에 왜군은 접근전을 위해 필사적으로 배의 속도를 높여 조선수군에 접근해야만 했다. (경쟁우위)
- 2010년대 초반 오리온 껌이 중국에서 성공적으로 정착하여 판매를 유지하는 비결에는 특허를 가진 독특한 껌용기 덕분이다. (차별화)
- 오뚜기 케첩이 세상이 나온 후에 많은 경쟁자가 한국시장에 진입하려 했으나 실패했다. 이를 막을 수 있었던 요인 중의 하나는 오뚜기가 계속 가격을 인상하지 않았기 때문인데, 이것이 가능한 이유는 오뚜기는 원가가 저렴한 케첩원료를 세계 곳곳에서 찾아 공급을 했기 때문이다. (원가우위)
- 스카니아는 트럭전문 자동차 회사로 자동차 회사 중에서 독보적으로 이 세분시장에 집중하여 시장을 지배하고 있다. (초점)
- 인도 시장에서는 펩시콜라가 절대적으로 시장점유율이 높은데, 이는 인도시장에 코카콜라가 들어가기 전에 펩시가 미리 선점했기 때문이다. (선점전략)
- LG전자의 스마트폰의 시장점유율이 삼성전자의 그것에 비해 한국시장에서 상대적으로 시장점유율이 낮은 이유는 스마트폰 시장을 삼성전자에 선점 당했기 때문이기도 하다. (선점전략)

1. 전략의 개념

그리스어 strategia(將帥術)에 그 어원을 두고 있는 전략이란 용어는 전쟁에서 적을 속이는 술책이라는 뜻을 가지고 있으며, 18세기 말까지의 전쟁은 이와 같은 의미로서만 통하였다(두산대백과사전 2019).

전략은 군사적 개념에서 벗어나 기업전략 등 비군사적 분야에도 응용되고 있다. 전략은 적용되는 차원에 따라 대전략(大戰略)·국가전략(國家戰略)·군사전략(軍事戰略), 기업전략, 사업전략으로 크게 나눌 수 있다.

이 책에서 다루는 것은 기업전략이자 사업전략이다. 제3장에서 우리는 우리가 경쟁할 시장을 '업'이라는 개념을 통해 선택했다. 이 시장에 들어가면 경쟁사가 존재한다. 다행히 경쟁사가 존재하지 않아서 일시적인 독점상태를 유지하고 이익을 향유하고 있을 수 있더라도, 시간이 지나면 이 이익이 발생하는 시장에 반드시 경쟁자가 진입하게 된다.

이렇게 경쟁자가 진입한다면 우리 회사는 어떻게 행동해야 하는가? 이런 행동을 미리 결정해 놓는 것이 기업전략이다.

이 장에서는 마이클 포터(Porter)가 지적한 본원적 경쟁우위를 달성하기 위한 세 가지 전략과 데이비드 아커(Aaker)가 주장한 선점(preemptive)전략을 소개하고, 시장에서 우리 회사가 경쟁자와 견주어 상대적 위치에 따라 취해야 할 전략을 정리하는 것으로 기업전략을 독자들에게 제공한다.

2. 마이클 포터의 본원적 전략

포터는 산업구조적 경쟁전략을 많이 소개한 바 있다. 그가 제시한 5가지 경쟁요인이 있는데, 이런 경쟁요인 상에서 산업 내의 다른 기업을 능가하기 위한 잠재적 성공의 3가지 본원적 전략 접근법을 다음과 같이 제시한 바 있다.

- 총체적인 원가우위(overall cost leadership)
- 차별화(differentiation)
- 집중화(focus)

(1) 총체적인 원가우위 전략

산업 내에서 원가우위를 점하고 있으면, 판매가격을 낮출 수 있어서, 경쟁자보다 고객에게 낮은 판매가격을 제시할 수 있으며, 현재 경쟁하고 있는 경쟁자보다 판매력이 증가하며, 잠재적인 경쟁자의 등장을 막을 수 있게 된다. 따라서 원가우위를 확보한 기업은 산업 내에서 시장주도적 위치를 확보할 수 있게 된다.

이렇게 원가우위를 확보하기 위한 많은 방법이 가능하다.

초기에 제품판매가격을 매우 낮추어 시장에 진입하여(침투가격전략) 시장점유율을 극대화하는 방법이 있을 수 있다. 대량판매량을 통해 대량원료구매가 가능하고 이를 통해 수량할인 등을 통해 저렴한 원가를 확보할 수 있게 된다. 다른 방법으로는 낮은 원가를 가진 원료를 찾아 지리적으로 많은 탐색을 하는 방법이다. 오뚜기가 케첩의 원가우위전략을 유지하기 위해 구매부가 세계를 돌아다니며, 낮은 원가의 토마토케첩원료를 공급하고 있는 것이 그 대표적인 사례이다. 셋째로 변동비와 고정비가 낮은 지역에서 생산을 하는 방법이다. 국제경영론에서는 이런 지역을 찾아내어 제품을 생산하는 일련의 사례들을 찾아볼 수 있다. 예를 들어 예전 벨파스트는 1916년에 타이타닉을 건조할 정도로 명성있는 조선도시였다. 하지만, 조선산업은 변동비와 고정비가 낮은 지역이 생산에서 유리하므로 20세기 후반에는 한국으로, 최근에는 중국으로 그 생산기지가 바뀌고 있다.

원가우위전략으로 성공한 기업을 적어보자. 그들이 어떻게 원가우위를 확보했는지를 적어보자.

(2) 차별화 전략

포터나 아커는 제품차별화가 산업 및 시장 내 경쟁에서 이길 수 있는 세 가지 전략 중의 하나라고 지적했다. 고객 욕구를 만족시키는 차별화의 달성은 고객선택을 높이고 이를 통해 판매량 및 시장점유율의 증가를 통해 기업생존이 가능하게 된다. 차별화의 원천은 매우 많다.

- 이미지 차별화
- 디자인 차별화
- 맛 차별화
- 색상 차별화
- 형태 차별화
- 콘텐츠 차별화
- 운영체계 차별화
- 내구성 차별화
- 브랜드 차별화
- 가격차별화
- 공간차별화

우리나라에서 활동하는 아이돌 가수 5개 팀을 제시하라. 그들이 갖고 있는 차별화 전략을 정리하여 제시해 보자.

'방탄소년단'은 다른 아이돌과 비교하여 어떤 차별화 전략요소를 갖고 있는지를 제시하라.

'여자친구'는 다른 걸그룹과 비교하여 어떤 차별화요소를 갖고 있는지를 제시하라.

2018년도에 샤오미(小米)는 로봇청소기나 공기청정기 등으로 중국시장을 비롯한 세계 시장에서 돌풍을 일으키고 있다. 이 회사의 차별화요소를 찾아 적어보자.

(3) 집중 (focus) 전략

이 전략은 아주 작은 세분시장에 집중하는 전략이다. 집중화는 비용우위에 기반을 둔 저가시장에서도 가능하고 차별화 우위에 기초한 고가특화시장에서도 가능하다.

예를 들어 스카니아는 트럭시장에서 집중화 전략을 실행하고, 람보르기니는 호화스포츠세분시장에서 집중화를 실시하고 있는 것이다.

- 피죤이라는 회사는 섬유유연제 시장에 집중하고 있다.
- 太古라는 중국회사는 중국 설탕시장에서 거의 독점을 하고 있다.
- 중국 凉茶시장의 부동의 1위 王老吉(왕라오지)이다.
- 세계 와인냉장고 시장의 1위는 중국의 Haier이다.

한국에서 판매되는 제품카테고리 중 집중전략을 사용하고 있는 회사를 5개 제시하라.

중국 음료시장에서 집중전략을 사용하여 성공적으로 시장을 지배하고 있는 사례를 찾아 제시하라.

3. Aaker의 선점(preemptive)전략

先占전략이란 목표시장의 욕구를 먼저 점유해 버리는 전략을 말한다.

- 1980년대 비디오 재생방식에서 옛날 SONY의 방식이 우수했음에도 불구하고, VHS방식이 세계 널리 채택된 사례가 그것이다. 사람들은 VHS방식의 비디오플레이어를 먼저 보았기 때문에 이 방식의 제품을 구매하였다. 비디오는 내구성이 있기 때문에 SONY방식의 제품으로 변경하기까지 오랜 시간이 필요로 했다. 따라서 SONY방식의 비디오플레이어는 시장에 정착하기 힘들었다.
- 인도시장에 펩시가 먼저 들어갔기 때문에 코카콜라는 힘을 못 쓰고 있다.
- 2010년대 중국은 도시등급이 북경 상해 광주와 같은 1급 도시부터 5급 도시로 규모별로 구분되어 있다. 오리온은 중국 껌시장에서 다른 기업보다 먼저 3급, 4급 도시에 진출하려고 노력하고 있다. 이들 시장에서 소비자의 맛을 선점할 수 있기 때문이다. 이미 오리온은 한국 내 매출보다 중국 매출이 훨씬 많다.

한국에서 판매되는 제품카테고리 중 선점전략을 사용하고 있는 회사를 5개 제시하라.

4. 시장 내 위치별 경쟁전략

시장에서 우리 회사의 경쟁위치가 시장선도자(leaders), 도전자(challengers), 추종자(followers)인가 적소자(nichers)인가에 따라 기업이 행동해야 할 전략이 모두 다르게 된다(Kotler, 2008).

(1) 시장 선도자의 경쟁적 전략

1) 총 시장의 확대전략

현재 제품을 사용하지 않지만, 사용할 수도 있는 사람(시장 침투 전략), 그 제품을 결코 사용해보지 않은 사람(새로운 세분시장 전략), 어딘가 다른 곳에 살고 있는 사람(지리적 확장 전략)을 찾아 낼 수 있다.

더 많은 용도와 사용처를 찾아낼 수도 있다. 사용량은 소비 수준이나 수량을 늘리거나 또는 소비의 빈도를 늘림으로써 증가될 수 있다.

- 1980년대 와인을 먹지 않는 X세대를 끌어들이기 위해 와인을 출시하기
- 호주의 Yellow tail wine은 미국시장을 공략하여 2008년 급성장을 이룸
- 환자를 위한 건강식이었던 시리얼을 일반인의 아침식사로 먹도록 한 것
- 존슨앤존슨 베이비 로션은 주로 유아를 목표시장으로 개발하였는데, 그 유아의 엄마를 대상을 광고하여 매출액을 증가시킨 사례

2) 시장점유율 방어전략

시장점유율을 방어하기 위한 전략으로는 위치방어, 측면방어, 선제방어, 대응적 방어, 기동적 방어, 축소형 방어 등이 있다.

시장선도자는 위치 방어를 선택할 수 있다. 그 상표를 거의 난공불락으로 견고하게 만드는 것이다. 소비자의 마음속에 가장 바람직한 시장 공간을 확보하는 것이 관건이다. 코카콜라 등이 지속적인 광고를 하는 것이 그 사례이다.

측면 방어를 할 수도 있다. 자기 회사의 약한 측면을 지키기 위한 어떤 방어를 실행할 수도 있다. 메리어트 호텔이 자신보다 낮은 가격과 낮은 서비스품질의 호텔체인을 만들거나, 자신과 비슷한 포지셔닝의 호텔을 만드는 것이 그 사례이다.

선제 방어란 경쟁사가 선도 기업을 공격하기 전에 먼저 공격을 가하는 것이다. 오뚜기는 다른 식품회사가 마요네즈 시장에 들어온다는 정보를 듣고, 자사 제품의 판매가격을 미리 낮추기도 한다.

대응적(역공격적) 방어란 공격을 받을 경우 대부분의 시장 선도자는 경쟁사에 대항하는 공격을 실시하기도 한다. 즉 역공격으로 응수해야 한다. 대응 공격적 방어로서 선도자는 공격자의 공격에 정면으로 맞서거나 협동 작전을 개시하는 여러 가지 전략적 선택 방법을 가지고 있다.

기동적 방어도 선택할 수 있다. 미래의 방어 및 공격의 기초가 될 만한 새로운 시장으로 선도자의 영역을 확대하는 것이다. 선도 기업을 시장 확대와 시장 다각화를 통해서 새로운 시장으로 확산해가는 것을 말한다.

축소형 방어는 대기업들이 모든 영역에서 자기 위치를 더 이상 방어할 수 없게 되는 경우에 실시한다. 계획된 축소는 약한 위치를 포기하고 강한 위치에 자원을 재할당하는 것이다.

3) 시장점유율 확대전략

시장 선도자들은 항상 시장점유율을 더욱 증대시킴으로써 수익성을 향상시킬 수 있다. 챈들러는 시장점유율과 기업의 크기를 증가시키는 것이 기업생존의 지름길임을 강조한 바 있다(Chandler 1994). 시장점유율을 확대하면 기업이 신제품을 출시할 때도 기존 시장점유율이 높은 제품과 연계판매를 할 수 있는 등의 활동으로 시장점유율이 적은 기업보다 더 쉽게 시장에 안착할 수 있기도 하다.

(2) 시장 도전자 전략

시장 도전자란 시장에서 시장선도자보다 시장점유율이 낮은 2위 또는 3위의 기업을 말한다. 이 시장 도전자는 제일 먼저 전략 목표와 그 경쟁자를 정의해야 한다. 대부분의 시장 도전자의 중요한 전략 목표는 시장점유율을 늘리는 것이다. 도전 기업은 또한 공격하고자 하는 경쟁사를 결정해야 한다.

예를 들어 2015년에 새천년민주당을 탈당한 안철수 의원은 탈당하자마자 기존 자신이 머물던 야당인 새천년민주당을 공격하지 않고, 새누리당을 공격하였다. 이는 기존 자신의 지지층이 새누리당과 중복되어 있었기 때문이라는 평가를 받는다. 공격목표인 경쟁자는 새누리당이고, 전략목표는 여당의 중도 보수 지지층을 흡수하려는 것일 수 있는 대목이다.

공격 대상자와 목표가 분명하게 정해졌다면 적을 공격하는 데 있어 여러 가지 선택 가능한 사항을 검토해야 한다. 즉, 5가지 공격 전략인 정면 공격, 측면 공격, 포위 공격, 우회 공격, 게릴라식 공격 등으로 구별할 수 있다.

1) 정면 공격: 전적인 정면 공격에서는 공격자가 경쟁사의 제품, 가격, 광고 등등에 대응해야 한다. '힘의 원칙' 이란 '더 많은 인재(재원)를 가진 측이 싸움에서 이긴다'는 것이다. 상대방과 비교해 가격을 인하하는 것처럼 수정된 정면 공격을 할 수 있는데, 시장 선도자가 가격 인하로 보복하지 않거나 또한 공격자의 제품이 선도 기업의 제품과 동일하다는 사실을 공격자가 시장에 확신시킬 수 있다면 그러한 공격이 시행될 수 있다.

2) 측면 공격: 적군의 약점은 적에 대해 아주 자연스러운 공격점이 된다. 측면 공격은 2가지 전략적 차원, 즉 지리적 차원에서 그리고 세분시장 차원에서 경쟁사에 취해질 수 있다. 지리적 공격은 상대방이 높은 성과를 취하지 못한 지역에 대해 공격자가 취하는 것이다. 또 다른 측면 공격 전략은 노출된 시장 욕구에 집중하는 것으로서, 일본 자동차 제조업체들이 연료 절약형 자동차를 개발 했을 때, 위의 전략을 구사했다. 측면 공격 전략은 세분시장의 변화를 확인하기 위한 또 다른 명칭이다. 즉, 현재 업계의 제품이 충족시키지 못함으로써 야기

되는 시장에서의 갭을 파악하고, 또한 그 갭을 채우기 위한 활동을 추진해 그 세분시장을 강한 세분시장으로 만드는 것이다. 측면 공격 전략은 상대방보다 적은 자원을 가진 도전 기업에 특히 매력적이다. 측면 공격은 정면 공격보다 성공 가능성이 매우 높다.

먼저 다루어진 블루오션이 여기에 해당한다. 측면공격의 대상이 되는 지리적 사회계층적 세분시장은 일시적으로 경쟁자가 존재하지 않는 블루오션이 될 수 있다.

3) 포위 공격: 포위 공격은 넓은 범위에 걸쳐 전격적으로 공격함으로써 적진지의 전체 면을 장악하기 위한 것이다. 포위 공격은 공격자(도전기업)가 방어기업보다 우월한 재원을 가지고 있고, 신속한 포위 공격이 방어자의 의지를 깨뜨린다고 믿는 경우에만 전략으로서의 의미가 있다.

4) 우회 공격: 우회 공격은 가장 간접적인 공격 전략 중의 하나로, 경쟁사를 우회해 자사의 자원 기지를 넓히기 위해 좀 더 쉬운 시장을 공격하는 것을 의미한다. 이 우회 공격은 3가지 방법, 즉 비관련 제품으로의 다각화, 기존 제품에 대한 새로운 지리적 시장으로의 다각화, 기존 제품을 대체하는 새로운 기술로의 도약이 있다. 기술적 도약은 첨단 기술 산업에서 흔히 사용하는 우회 전략이다. 도전 기업은 지속적으로 새로운 기술을 개발해 공격을 제시함으로써 그 전쟁터를 자사 영역으로 확보하며, 그 곳에서 우위를 점한다.

5) 게릴라식 공격: 게릴라식 공격은 결국 영구적인 발판을 확보하기 바라면서 경쟁사를 당황하게 하고 혼란시킬 목적으로, 경쟁사의 여러 영토를 소규모적이며 간헐적으로 공격하는 것이다. 게릴라식 도전 기업은 경쟁사를 공격하는 데 재래식 방법과 현대식 방법 모두를 이용할 수 있다. 이런 방법에는 선택적인 가격 인하, 집중적인 촉진 활동, 여러 가지 법적 활동이 포함된다. 보통 게릴라식 공격은 소규모 기업이 대기업에게 취하는 방법이다. 소규모 기업은 경쟁사의 시장 지배력을 점차적으로 약화시키려는 의도로 대규모 경쟁사 시장의 이곳저곳에서 단기적으로 촉진 및 가격 공격을 하게 된다. 군대식 교리는 소규모의 계속

적인 공격은 몇 번의 대규모 공격보다 큰 영향을 주며, 조직과 적을 혼란시킨다고 주장한다. 지속적인 게릴라식 캠페인은 정면 공격, 포위 공격, 위회 공격 보다 비용이 덜 소요된다고 하지만 많이 소요될 수도 있다. 게릴라식 공격은 전쟁 그 자체보다는 전쟁을 위한 준비이다. 만약 공격자(도전기업)가 상대방 경쟁사를 섬멸하고자 한다면 궁극적으로 강력한 공격을 받아야만 한다.

(3) 시장 추종자 전략

상당수 기업들은 시장 선도자에게 도전하기보다는 추종한다. 추종자는 도전 기업의 주요 공격 표적이 되므로 시장 추종자는 생산 원가를 낮게 그리고 품질과 서비스는 높게 유지해야 한다. 또한 추종자는 새로운 시장이 개방되었을 때는 거기에 진입해야 한다. 즉, 추종 기업은 성장 궤도를 정의해야 하는데, 그것이 경쟁사의 보복을 유발하지 않는 것이어야 한다. 넓은 범위에서 4가지 추종 전략이 가능하다.

1) 모조자－모조자는 선도자의 제품과 포장을 그대로 모방해 암시장이나 평판이 나쁜 판매상을 통해 판매한다.

2) 무성생식 복제 기업－복제 기업은 제품, 상표명 및 포장에 대해 선도기업과 유사하지만 약간 다르다.

3) 모방기업(차별적 추종)－모방 기업은 선도 기업으로부터 어떤 것을 모방은 하지만 포장, 광고, 가격, 위치 등에서 어느 정도 차별화를 유지한다. 선도 기업은 이 모방 기업이 선도 기업을 공격하지 않는 한 모방 기업에 별 관심을 기울이지 않는다.

4) 적응기업(선택적 추종)－적응 기업은 선도 기업의 제품을 선택해 그 제품을 그대로 채택하기도 하며, 어느 때는 개선하기도 한다. 적응 · 채택 기업은 서로 다른 시장에서 판매하기도 한다. 그러나 빈번하게 적응 기업은 장차 도전자로 성장하기도 한다.

(4) 시장 적소(틈새) 기업전략

적소시장(niche market)에서 원래 니치(niche)란 적소, 특정분야, 특정 활동 범위를 나타내는 말로서 니치시장은 곧 적소(틈새)시장, 특정분야의 소규모 시장을 의미한다. 마케팅적 시각에서 니치시장은 시장점유율이 낮은 기업이나 후발 기업이 기존시장에의 직접적 진출을 피하면서 아직 선점되지 않은 분야를 공략하여 자신의 입지를 넓혀 가는 전략을 가지고 있을 때 선택된다. 기업이 생존하는 방법 중의 하나는 대규모 시장에서 소규모 시장 또는 틈새(적소)시장에서 선도자가 되는 것이다.

예를 들어 중형차 시장이 치열할 때 고급차나 저가시장을 공략하거나 태슬러처럼 전기차를 만드는 것이 적소기업 또는 틈새기업이다.

전체 시장에서 시장점유율이 적은 기업들도 훌륭한 적소 전략을 통해 수익성이 좋아질 수 있다. 틈새(적소)화 전략이 어떻게 이익이 되는가? 그것의 근본적인 근거는 시장 적소 기업이 표적 고객 집단을 끝까지 알려하고, 그럼으로써 틈새시장에 간간이 판매하는 다른 기업들보다 표적 고객의 욕구를 충족시킬 수 있다는 것이다. 결국 적소 기업은 부가가치를 제공하기 때문에 원가보다 실질적으로 많은 이윤폭을 제품에 부과할 수 있다. 즉, 적소기업은 높은 이윤폭을 성취하지만 한편 대중 시장 추구 기업은 대량 판매를 성취한다.

적소기업은 3가지 과업, 즉 틈새시장 창조, 틈새시장 확장 및 틈새시장 보호 과업을 수행한다. 틈새(적소)화는 그 틈새시장이 고갈되거나 공격 받는다는 점에서 중요한 위험을 감수해야 한다.

독자가 알고 있는 틈새기업 또는 적소기업을 적으시오. 블루오션을 창출하는 기업과는 어떤 차이를 보이는지를 논의해 보시오.

참고문헌

Aaker, D.A.(2009), *Strategic market management*.

Chandler, A.D.(1994), *Scale and scope: The dynamics of industrial capitalism*.

Kotler, P.(2008), Kotler 마케팅관리, 서울: 시그마프레스.

김위찬·르네 마보안(2015), 블루오션전략, 서울: 교보문고.

포터, 마이클(2008), 마이클 포터의 경쟁전략, 서울: 21세기북스.

Chapter 4

업 태

제2장에서 창업하고 사업을 할 때 첫 번째 의사결정으로 '어디서 싸울 것인지(where to compete)'에 대한 주제를 다룬 바 있다. 우리는 경영자의 어디서 싸울 것인지에 대한 의사결정은 다시 두 가지로 분류할 수 있다. '업태(how to sell)'과 '업종(what to sell)'의 선택이 그것이다. 제2장에서 선정한 창업아이템은 좁게 말하면 '업종'을 선택한 것이다.

제3장에서는 업종을 선택할 기준을 배운 것이다. 우리는 전략을 배울 때 우리는 '창업 아이템'을 선정하고, 그 아이템 선정의 기준으로 고객이 많고, 경쟁사가 적고, 우리 자신이 잘 하는 사업 아이템을 선택해야 한다고 정리한 바 있다.

이제 우리는 사업 아이템을 '어떻게 판매할 것인지(how to sell)'에 대한 의사결정을 해야 한다. "어떻게 판매할 것인가'에 대한 의사결정은 다시 둘로 나눌 수 있다. 경영의 대상을 소매업에 한정하여 작게 정의하면 '업태'의 선정이다. 경영의 대상을 크게 정의하면 '비즈니스모델(영업의 방식)'의 선택이다. 비즈니스모델은 '순수한 영업 방식'과 '유통경로상의 창업'으로 나눌 수 있다.

제4장에서는 소매업태에 대해서만 다루고, 제5장에서는 유통경로상의 창업에 대해 논의하며, 제6장에서는 우리가 결정한 업종과 업태에서 활용할 신제품을 개발한 뒤, 제7장에서는 이것을 모두 정리한 비즈니스모델을 명확히 해보게 된다.

그림 4-1 업태와 업종의 구분

업태(業態): How to sell	한국표준산업분류상 영업의 종류 중 대분류에 속하는 것 가격대와 집하형식으로 기업을 분류하는 것 즉 영업 또는 기업의 소매업의 형태로서 '어떠한 방법으로 판매하고 있는가'의 의미
업종(業種): What to sell	업태 중에서 세분화된 사업의 분류를 뜻하는 것 영업 또는 사업의 소매업 형태로서 '무엇을 판매하고 있는가'를 의미

업태를 무엇으로 선택하는가에 따라 '고객', '경쟁자', '우리 자신'의 상황이 모두 달라진다.

1. 업태의 정의

업태란 영업 또는 기업의 소매업 형태로 '어떠한 방법으로 판매하는가'의 의미이다. 즉, 구매자가 어느 채널에서 어떠한 방식으로 상품을 구매하도록 판매방식이 설계되어 있는가를 말한다. 소매업이 아닌 도매 등의 유통상의 비즈니스모델에 대해서는 별도의 장에서 다루게 된다. 이 장에서는 소매업의 업태를 중심으로 다룬다.

2. 업태의 종류

업태를 결정하는 기준을 판매접점의 상황을 중심으로 몇 개 나열해 보자.

- 점포가 있는 경우, 점포가 없는 경우
- 제품계열이 넓은 경우, 제품계열이 좁은 경우
- 기계 및 통신 같은 물리적 장치가 개입하는 경우, 사람이 개입하는 경우

이 세 가지 기준에 의하면 다음과 같은 다양한 업태가 존재한다. 판매할 창업 아이템이 결정된 후 아래 업태 중 어느 업태를 선택하느냐에 따라 고객 수, 경쟁강도, 우리 회사의 장단점 유무가 발생하며, 이에 따라 회사의 성과(매출 및 이익)가 결정된다. 따라서 업태의 선정이 창업회사의 운명을 좌우하게 된다.

1) 전통시장

인류가 최초로 사용한 업태일 수 있다. 판매할 물건을 일정한 장소와 시간

표 4-1 업태의 분류

<table>
<tr><th colspan="2">점포 유무/사람개입 여부</th><th>제품계열이 넓은 경우</th><th>제품계열이 좁은 경우</th></tr>
<tr><td colspan="2">점포
소매상
(오프라인)</td><td>• 전통시장
• 백화점
• 슈퍼스토어(broad supermarket)
• 하이퍼마켓(=슈퍼마켓+백화점+대형할인점)
• 전문할인점
• 회원제 도매클럽
• 아웃렛
• 복합쇼핑몰</td><td>슈퍼마켓
편의점
카테고리 킬러
(양판점)</td></tr>
<tr><td rowspan="2">무점포
소매상
(온라인)</td><td>물리적
장치 위주</td><td>• 카탈로그 판매
• 자동판매기
• 통신판매
• TV홈쇼핑
• 텔레마케팅
• E-commerce(인터넷 마케팅, 모바일 마케팅, Social Commerce)</td><td>O2O</td></tr>
<tr><td>인간 위주</td><td>• 방문판매</td><td>다단계판매</td></tr>
</table>

에 모여 판매하고 구매하는 경우이다. 매장을 소규모로 상설할 수도 있고, 매장이 상설되지 않을 수도 있다. 창업할 아이템을 전통시장에서 판매하는 것을 고려해 볼 수도 있다. 우리나라에는 OECD국가에 드물게 이런 전통시장이 매우 많이 잔존하고 있다.

고객측면에서 보면 이 전통시장에서 물건을 구매하는 고객은 무점포에서 구매하는 고객과 라이프스타일 및 profile이 매우 다르다는 것을 염두에 두어야 할 것이다.

2) 백화점

1852년 프랑스 파리의 Le Bon Marche가 최초의 백화점이다. 미국은 1858년 뉴욕의 Macy's백화점, 한국은 1906년 미츠코시백화점이 최초이다. 넓은 제품계열을 한꺼번에 집화하여 판매하는 방식이다. 1990년대를 한국의 백화점 최고조기로 여긴다.

3) 카탈로그 판매

카탈로그 판매는 우편주문 판매 형태로 1872년 시카고에서 몽고메리워드를 설립한 아론 몽고메리 워드(Aaron Montomery Ward, 1843~1913)에 의해 시작되었다. 몽고메리워드는 마구간에 상점을 차리고 1쪽짜리 카탈로그를 통한 판매를 시작했다. 우리나라는 1990년대까지 의류도 이렇게 판매하는 경우가 있으며, 최근에는 문구점들이 아직도 이 방법을 채택하고 있다.

4) 슈퍼마켓

식품과 잡화 위주로 소규모 점포를 탈피한 중대규모의 소매매장을 말한다.

5) 슈퍼스토어

슈퍼마켓이 대규모화되고 더 많은 제품계열을 채택한 경우를 말한다. 미국인 눈에 월마트가 슈퍼마켓이고, '슈퍼스토어 월마트'에 가면 약국 사진관 타이어교체가게 등이 월마트 안에 들어가 있게 된다.

6) 카테고리 킬러

한 가지 또는 소수의 제품계열(카테고리)을 아주 제품이 다양하게(깊은 제품 깊이)로 판매하는 경우를 말한다. 가전전문판매장인 하이마트나 전자랜드 등이 대표적이다

7) 전문할인점

카테고리 킬러 중에서 가격을 아주 저렴하게 판매하는 경우를 말한다.

8) 회원제 도매클럽

미국의 Sam's나 한국에도 있는 Costco 등과 같이 연회비를 지불한 회원에게 창고 수준의 인테리어 공간에서 아주 저렴한 넓은 제품카테고리의 제품을 판매하는 것을 말한다.

9) 복합쇼핑몰

일정한 공간 안에 백화점과 단독점포 및 위락시설 등을 합쳐 놓아서 고객들이 쇼핑 이외에 라이프스타일을 모두 즐길 수 있도록 설계된 공간을 말한다. 신세계 센텀시티점이나 하남의 스타필드 등이 대표적이다.

10) 아웃렛

미국식 아웃렛은 백화점에 입점한 업체 등이 집체화되어 신제품 또는 이월제품, 기획상품 등을 저렴한 가격을 판매하는 것을 말한다.

11) 자동판매기

제품을 기계 속에 저장했다가 구매자의 구매금액 투입시 배출해 주는 업태를 말한다. 한국은 일본에 비해 자동판매기에서 판매하는 상품의 종류가 적은 편이고, 유럽이나 미국은 자동판매기의 보급이 낮은 편이다. 따라서 한국은 일본에 비해 자동판매기사업을 할 업종이 아직도 많이 비어있는 편이고, 우리 자동판매기가 유럽이나 미국에 진출할 여지는 많은 편이다.

12) 통신판매

판매자는 점포 없이 신문 잡지 라디오 텔레비전 등에 광고를 하고 전화나 우편을 통해 주문을 받고 택배 등의 수단으로 물건을 공급하는 방식을 말한다.

13) TV홈쇼핑

1990년대부터 케이블TV가 보편화되면서 발생한 업태이다. 전문홈쇼핑채널이나 케이블채널 중 일정시간을 빌려 홈쇼핑제품을 홍보하고 구매자는 전화를 통해 구매하는 방식이다.

14) 텔레마케팅

전화번호부, 졸업 앨범, 기타 수단을 통해 획득한 고객 DB를 가지고 전화로 영업을 하는 것을 말한다. 통신판매를 포함한 개념이다.

15) E-commerce

온라인상에 디지털 통신을 이용한 상거래를 모두 일컫는다. 이 중 C2C (customer to customer)는 오픈마켓이라 하여 개인과 개인이 상품을 사고 팔 수 있는 플랫폼을 제공한 경우를 말한다. B2C는 상품을 제조했거나 판매하는 기업이 개인을 상대로 상품을 온라인상에서 판매하는 경우를 말한다. B2B사이트는 기업 간의 상거래를 온라인상에서 전개하는 경우를 말한다. Mobile commerce란 e-commerce 중 모바일장치를 통해 상거래가 이루어지는 경우를 한하여 일컫는다. S-commerce 또는 Social commerce는 쇼셜커머스업체가 기업으로부터 납품받거나 구매한 상품을 소비자에게 판매하는 경우를 말한다. 쿠팡이나 티몬이 대표적이다.

16) O2O서비스

온라인과 오프라인 판매를 연계한 업태이다. 배달의민족과 같은 배달앱이나 카카오택시와 같은 카풀앱처럼 온라인상에서 연결한 후 오프라인에서 제품이나 서비스가 제공되는 경우를 말한다.

17) 다단계판매

다단계판매란 전통적인 유통망인 도·소매단계를 거치지 않고 소비자들이 판매원이 되어 연쇄적인 인간 및 구매자 판매자 소개로 시장을 넓혀가는 판매방식을 말한다.

3. 업태의 탄생에서 소멸에서 배우는 창업의 기회

1) 업태를 처음 소개하여 돈을 번 사람이 많다

백화점이라는 이름 아래 독립적인 건물을 짓고, 여러 상품을 독립된 매장에서 정찰제로 판매하는 백화점은 1852년 봉 마르쉐(Le Bon Marche) 백화점이 최초이다. 1858년 뉴욕에서 개장한 Macy's, 1834년 잡화점에서 시작해서 1892년 백화점으로 변신한 런던의 해로즈(Harrods), 1875년부터 런던의 유행을 주도했던 리버티(Liberty) 등이 그 지역에 백화점을 소개한 대표적인 예이다.

새로운 업태를 빠르게 따라간 기업들도 돈을 벌었다. 1855년 파리에 루브르 백화점, 1856년 19세기판 통신판매의 제왕이었던 A la Belle Jardiniere(아라벨 자르디니에르)와 Bazar de lHotel de Ville(바자 드 호텔 드 빌), 1865년에는 프렝탕백화점과 사마리텐느(Samaritaine), 1893년에는 La Fayette이 등장했다.

우리나라에서도 일제강점기에 미츠코시백화점이 한성(서울)에 생긴 후에, 한국자본으로는 화신백화점이 1931년에 개점하였고, 롯데·신세계·미도파 등이 등장하여 구매자의 각광을 받았다.

2) 업태는 자체 내 진화한다

〈그림 4-2〉에서 보듯이 백화점은 시장에 진입한 후에 판매하는 제품, 판매하는 지역, 백화점 공간을 채우는 tenant mix의 차별화로 진화하면서 변화하

그림 4-2 한국의 백화점의 진화

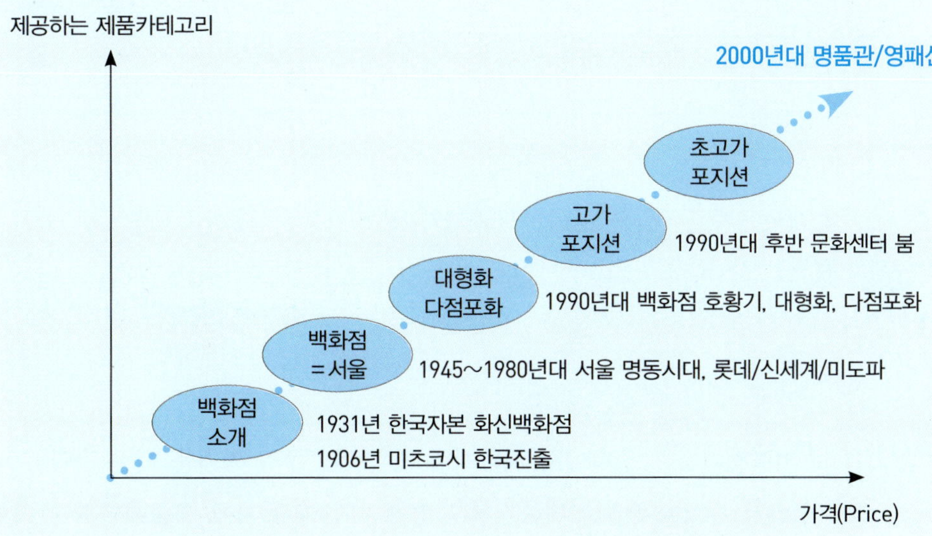

그림 4-3 e-commerce시장의 변화

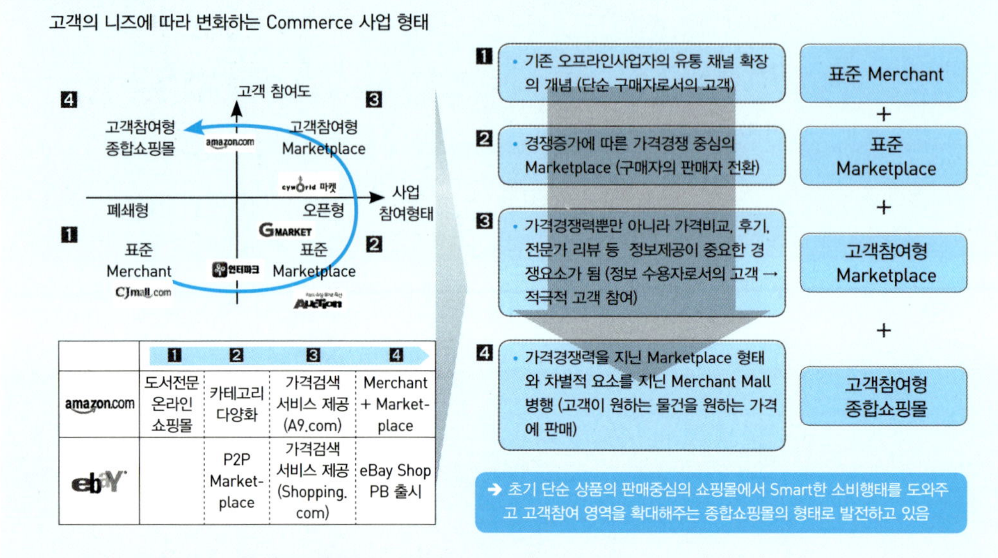

였다. 백화점 간, 시기간 경쟁양태가 계속 변화하였다. 이것이 경쟁 및 생존을 위한 차별화의 요소였다. 따라서 업태 내 흐름을 선도하면 경쟁에서 이겨서 돈을 벌 수 있게 된다.

〈그림 4-3〉는 e-commerce시장의 변화의 흐름을 간략히 보여준다. 이런 흐름을 선도하지 못하거나 따라가지 못하면 도태되게 된다.

> 우리나라에서 왜 '야후'가 없어졌을까? 아직도 미국과 일본은 잘 나가는데!
>
> 왜 'Line'은 한국에서 영업을 포기했을까? 일본에 가서는 상장까지 하면서 잘 나가는데!

3) 업태는 업태 간에 진화한다

슈퍼마켓이라는 업태에서 제품계열 및 판매공간의 확대를 이룬 것이 슈퍼스토어이다. 슈퍼마켓에서 제품계열을 좁게 하면서 동시에 제품계열의 깊이가 깊어진 것이 카테고리 킬러이다.

4) 다른 지역에 있는 업태가 우리 지역에 없다면 도입해야 한다

부산 해운대 Costco에는 손님이 많다. 이 미국회사는 창고형 회원제 대형할인점을 1983년에 시작했다. 그런데 1983년에 동일하게 시작한 월마트의 샘즈클럽은 왜 한국에서 찾아보기 힘들까? 그들이 먼저 한국에 들어왔으면 Costco만큼 성공했을 텐데.

이 사례를 보면 다른 지역에서 성공한 업태를 이 업태가 존재하지 않는 지역에 도입하는 시도를 해 볼 필요가 있어 보인다.

4. 요약

업종을 선정하고 나면, 우리 상품을 어떻게 판매할 것인지에 대한 업태 선정을 해야 한다.

시장성 있는 업종을 선택했을지라도 잘못된 업태 선정은 회사의 성과를 낮추게 된다.

선정된 업태에 따라 목표시장인 고객, 경쟁사의 강도 등이 모두 달라진다.

창업자는 창업 이전에 다양한 업태를 고려한 후, 고객 경쟁사 우리 회사의 장단점에 맞추어 업태를 선정해야 한다.

5. 학생들과 토론할 과제

현재 독자가 창업하고자 하는 업종 또는 창업 아이템을 적으시오.

그 상품을 어느 업태에서 판매를 해야 할까요? 업태를 하나 선정하여 적으시오.

이렇게 업태를 선택할 이유를 적으시오.

선택하지 않은 업태를 하나 적으시오.

선택하지 않은 업태에 비해 선택한 업태가 무엇이 더 좋았는지 적으시오.

요즘 중국에서는 인터넷과 모바일을 활용한 다양한 창업이 이루어지고 있다. 중국에는 존재하지만 우리나라에는 존재하지 않는 업태를 검색하여 제시해보자

학생들이 준비할 '업태의 역사': 무엇에서 무엇으로 변화했는지를 적어보자.

편의점의 역사	Past:	Now:	Future:
빵 전문판매점의 역사	Past:	Now:	Future:
다방/카페 역사	Past:	Now:	Future:
의류판매점의 역사	Past:	Now:	Future:
화장품 판매점의 역사	Past:	Now:	Future:

참고문헌

이지은(2011), 부르주아의 유쾌한 사생활, 서울: 지안.
박찬욱(2014), 한국의 소매업태 및 업종별 유통경로, 한국생산성본부.

Chapter 5

유 통

05

저자는 제4장에서 소매업태를 집중적으로 다루었다. 제5장에서는 상품이 생산되어 소매업태에 이르는 중간과정에 대해 집중적으로 소개하고자 한다. 이 과정에서 많은 창업기회가 발견되기 때문이다.

1. 유통의 이해

유통(流通)의 사전적 의미는 "거침없이 흘러서 통한다." 또는 "세상에 널리 통용된다."는 뜻으로 쓰이는 용어였으나 서구적 마케팅 개념이 도입됨에 따라 그 의미가 새롭게 부여되었다. 유통의 일반적 의미는 "생산자로부터 소비자에게 상품 및 서비스의 이전을 통해 장소, 시간 및 소유의 효용을 창조하는 활동으로 생산과 소비를 이어주는 중간 기능이며, 생산품의 사회적 이동에 관계되는 모든 경제활동"이라고 정의할 수 있다. 넓은 의미의 유통은 상적 유통 이외의 물류이동을 의미하는 물적 유통과 정보처리 및 광고 통신의 유통인 정보유통, 그리고 금융, 보험 등 보조 활동을 포괄하는 상업 활동으로 정의할 수 있다.

〈그림 5-1〉을 보면 유통이 포함되어 있는 많은 개념을 시각적으로 정리할 수 있다.

그림 5-1 유통의 분류

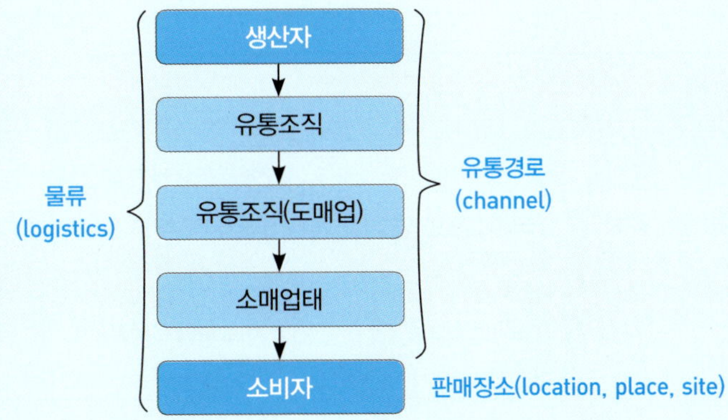

- 생산자가 상품을 얼마나 효율적으로 효과적으로 생산하느냐는 '생산관리'의 영역이다.
- 생산된 상품이 소매업태의 창고까지 옮겨지는 과정을 물리적 과정을 '물류(logistics)'라 부른다.
- 생산된 상품이 생산자로부터 소매업태의 진열장에 놓이기까지에 관련된 조직과 그 조직의 기능 및 구조를 다루는 것이 유통경로(distribution channel)이다.
- 소비자접점에서 이루어지는 판매방식의 차이를 다루는 것이 '소매업태'이다.
- 소매업태가 오프라인에 위치하는 경우, 최적의 위치를 찾는 과정을 다루는 것이 소매위치(location)이다.
- 이제 마지막으로 소매위치 내 매장 안을 어떻게 관리해야 고객이 만족할 것인가를 다루는 것이 '장소마케팅(place marketing)'이다.

이 장에서는 유통경로, 소매위치, 장소마케팅만을 다룬다. 이 개념 안에서 창업기회가 '業'으로 발생할 수 있기 때문에 비즈니스모델을 개발하기 전에 이것들을 다루게 된다.

그림 5-2 경영학에서 다루는 유통관련 하위개념

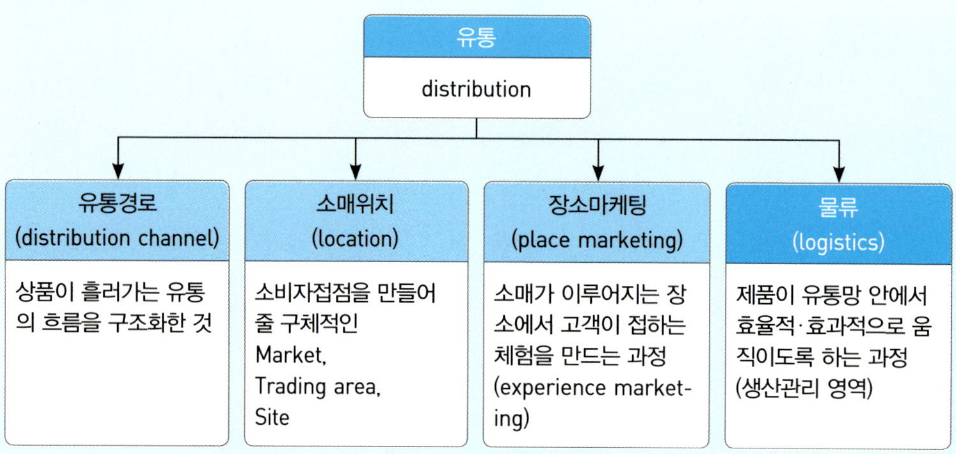

2. 유통경로(channel)

(1) 유통경로의 선택

제2장에서 우리는 기업을 창업하여 판매할 제품카테고리를 선정하여 '업(업종)'을 정했다. 그 業을 결정하는 기준을 논의한 바 있다. 이제 업종이 정해졌으니 그 업종의 유통경로를 분석해야 한다.

- 산업마다 유통경로가 다르다. (〈그림 5-3〉 참조)
- 유통경로에 관여하는 유통구성조직이 모두 다르다.
- 유통경로마다 매출액이 다르다.
- 유통경로마다 유통구성조직의 마진(margin)이 모두 다르다.
- 유통경로마다 새롭게 진입할 수 있는 여지가 다르다.

경영자는 위와 같은 상황을 고려하여 자신의 기업에 가장 유리한 유통경로를 사전에 선정해야 한다.

그림 5-3 중국화장품 유통경로

구분	구조 1: 중국법인 자체 운영	구조 2: 중국법인 중심 대리 체제	대리상 위임 구조 3: 대리상 자체 운영	대리상 위임 구조 4: 하급대리상/가맹상 활용	구조 5: 중국법인 자체 가맹상 활용	구조 6: 직판
개념도	제조사/ 국내 총 대리상 ↓ Retail 매장	제조사/ 국내 총 대리상 ↓ 대리상 ↓ Retail 매장	제조사/ 국내 총 대리상 ↓ 대리상 ↓ 대리상 직영 Retail 매장	제조사/ 국내 총 대리상 ↓ 대리상 ↓ 하급대리상/가맹상 하급대리상/가맹상 Retail 매장	제조사/ 국내 총 대리상 ↓ 가맹상 가맹상 Retail 매장	제조사/ 국내 총 대리상 ↓ 소비자
활용 가능 Retail	• 백화점 • 대형마트 • 멀티브랜드 숍 • 브랜드 숍	• 백화점 • 대형마트 • 멀티브랜드 숍	• 백화점 • 브랜드 숍 • 대형마트 • 멀티브랜드 숍	• 전문브랜드 숍(가맹점) • 백화점	• 전문브랜드 숍(가맹점)	
주요 브랜드	다국적 브랜드에서 일부만 채용함	P&G, R'Oreal, Shisseido 등 다국적 Major 브랜드	Missha 중소브랜드	Missha 일부 중소브랜드	KARAKARA	

그림 5-4 중국 화장품 유통경로별 장단점 분석

구분		중국법인 자체 운영	중국법인 중심 대리 체제	대리상 위임		중국법인 자체 가맹상 활용	비고
				✓ 대리상 자체 운영	가맹상 활용		
관리 측면	매장 관리	본사 중심	본사 중심	Retail에서의 관리 다소 약화됨	Retail에서의 관리 떨어짐	가맹상 중심 (현장 관리 필요)	
	본사인력규모	개발/관리 인력 다수 필요	대리상 관리/마케팅 /기획 인력 필요	대리상 관리 인력만 필요	대리상 관리 인력만 필요	가맹상 관리/교육 인력 등 필요	방식에 따라 필요 인력의 차가 큼
	매장직원 관리	본사 관리	본사 관리	대리상 관리 (일부 본사 관리)	가맹상 관리	본사 교육/ 가맹점 관리	
	마케팅활동	본사 책임	본사 책임	대리상 책임	가맹상 책임	가맹상 책임	전반적 계획은 본사가 수립
	중국내 확산	본사 자체 개발	출점 역량 있는 대리상 필요	자금력/출점 역량 있는 대리상 필요	자금력/출점 역량 있는 대리상 필요	본사 자체 개발	방안별 차이 큼
비용 측면	진출비용	본사 부담	본사 부담	대리상 부담	가맹상 부담	가맹상 부담	
	관리운영비용	본사 부담	본사 부담	대리상 부담	가맹상 부담	가맹상 부담	
	마케팅비용	본사 부담	본사 부담	대리상 부담	가맹상 부담	본사/가맹상 부담	
전반적 평가		◔	◑	●	◕	◑	
활용가능채널		• 백화점 • 대형마트 • 멀티브랜드 숍 • 브랜드 숍	• 백화점 • 대형마트 • 멀티브랜드 숍	• 백화점 • 브랜드 숍 • 대형마트 • 멀티브랜드 숍	• 브랜드 숍 (가맹점)	• 브랜드 숍	

●: 높음 ◕: 조금 높음 ◑: 중간 ◔: 조금 낮음 ○: 낮음

경영자는 유통경로상에서 매출이 많고, 경쟁사가 적고, 마진이 많은, 경로 위치를 찾아 진입할 것을 고려해야 한다. 또는 아직 존재하지 않은 유통경로를 만들어 낼 수도 있어야 한다. 이것이 유통경로를 분석하는 이유이다.

(2) 유통경로 기능상에서의 창업기회

유통경로는 상품이 원활히 흘러가게 하기 위해 아주 많은 기능을 수행한다. 임영균 외(2018)가 정리한 유통기능은 〈그림 5-5〉와 같다. 이 기능들은 유통경로상의 구성원이 직접 실행할 수도 있고, 외부조직이 관여할 수도 있다. 이 기능을 수행할 때마다 상품에는 부가가치가 발생하고 구성원에게는 이익이 발생하게 된다. 따라서 이 기능 중 하나 하나를 별도로 수행하는 창업기회를 가질 수 있다. 이의 간단한 사례는 〈그림 5-6〉과 같다.

그림 5-5 유통경로의 기능(임영균 외)

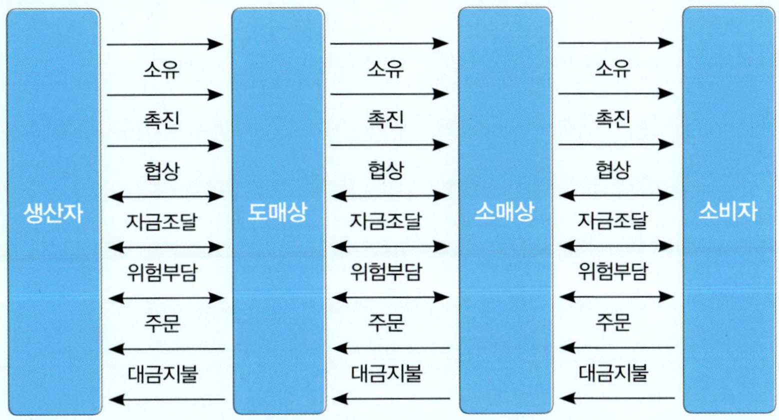

그림 5-6 유통기능에서 창업한 사례

기능	사례
물적 이전 기능	운송업(상선, 해운, 통운 등), 미국의 창고보관업
소유권 이전 기능	자동차 재보험회사, 렌트회사, 중국 공유자동차회사
촉진 기능	제일 평타이의 삼성전자 e-commerce 대행기능
주문 기능	중국 taobao platform의 주문 기능
지불 기능	C2C 사이트에서 물건이 고객에게 도착해야 고객 돈을 판매자에게 지불
협상 기능	중국 C2C 사이트는 판매업자와 구매자 간의 협상이 가능
금융 기능	중국 텐센트의 wechat은 금융기능을 수행
위험부담 기능	영국 재보험업

유통의 기능이 중요한 이유는 해당산업에 직접적인 구성원이 아니어도 돈을 벌 수 있는 기회를 갖게 된다는 것이다.

- 자동차는 현대자동차가 만드는데, 현대상선은 차를 운송해 주고 돈을 번다.

- 자동차를 운반할 때 사고에 대비하여 현대해상화재보험이 보험을 팔고 돈을 번다.
- 현대해상화재보험이 큰 사고로 돈을 잃는 것을 대비하여 다시 큰 보험회사에 보험을 든다. 이를 재보험이라 한다. 영국회사들이 이 재보험을 주로 한다. 이 영국회사들은 르네상스시대 때 베네치아 보험회사들이 사용한 방법과 동일한 방법으로 돈을 벌고 있는 것이다.
- 자동차 전용부두는 자동차를 갖고 온 현대상선을 접안시켜 주고 돈을 받는다.
- 자동차를 일반인이 구매할 때 대출해 주는 회사가 존재한다.
- 자동차를 하역할 때 배에서 자동차 보관소까지 운전해 주는 운전사도 돈을 벌고 있다.

유통경로를 살펴야 하는 이유는 이렇게 파생적으로 창업기회와 돈 버는 기회를 제공하기 때문이다.

자신의 집 앞에 돼지고기 삼겹살의 원산국을 적어보자. 이 돼지고기가 어떤 과정을 거쳐 누구의 어떤 서비스 기능을 통해 우리 집 앞까지 왔는지 적어보자.

3. 소매위치(location)

제4장에서는 주로 소매업태의 다양성을 보여주고 이 중에서 경영자가 자신의 사업을 영위할 소매업태를 결정해야 한다고 지적했다. 이 장에서는 소매업태가 오프라인에서 영업하기로 결정했을 경우에 어느 지역 어느 위치에서 영업을 해야 하는지를 결정하는 것을 다루다.

소매위치결정에 관련되어 경영자가 내려야 하는 의사결정의 이슈는 아래와 같다.

- 어느 지역에서 소매업을 운영할 것인가? (geographical market selection)
- 그 지역 중 어느 상권(trade area)에 진입할 것인가? (trade area selection)
- 그 상권 내 어느 위치에 매장을 개설할 것인가? (site decision)
- 그 매장의 매출액은 얼마나 될 것이며, 매장은 어떻게 꾸며야 하고, 그 때 몇 명의 인력이 투입되어야 하는가?

그림 5-7 소매위치(location) 의사결정의 종류

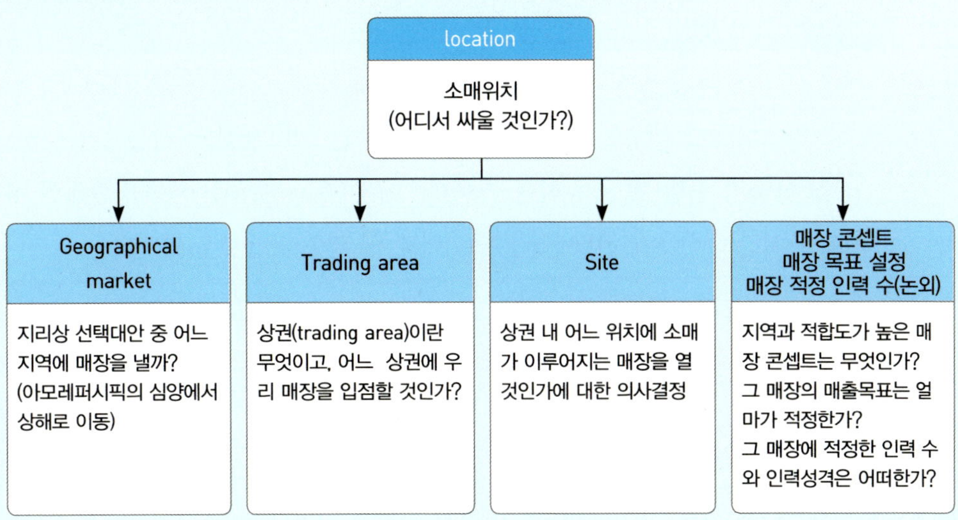

독자가 창업에 관심있는 업종을 하나 선택하여 적어보자.

그 업종의 오프라인 매장을 어디에 설치할지에 대해 아래 세 가지 의사결정을 내려보자. 그 이유도 적어보자.

1) 지역선택

2) 상권선택

3) 위치선택

4. 장소마케팅(place marketing)

장소마케팅 이슈는 경영자가 내려야 하는 의사결정은 개설하기로 한 매장을 어떻게 꾸밀 것인가 하는 것이다. 이 이슈는 제10장 마케팅관리의 유통(place)시간에 다루게 된다. 경영자는 이제 막 업종을 정했을 뿐이다.

5. 유통이 부가가치를 높이는 현상

마지막으로 경영자가 내려야 하는 의사결정은 유통에서 흘러다닐 상품의 상태에 대한 것이다.

- 생산자가 완제품을 만들고 유통경로는 상품이 흐르게만 할 것인가?
- 생산자가 반제품을 만들고 유통에서 가공이 이루어지고 소매업태에 이르게 할 것인가? (반제품 - 가공)

완제품이 흘러 다니는 경우와 반제품이 가공되어 유통되는 경우에 부가가치는 반제품 - 가공의 경우가 더 많다.

필리핀의 산미구엘 맥주를 필리핀 도매업자에게서 구매하는 경우 1병당 얼마인지를 인터넷에서 찾아 적어보자.

한국에 있는 세계맥주전문점에서 산미구엘 맥주를 한 병 구매하는 데 얼마인지를 탐색하여 적어보자.

몇 배의 가격차이가 있는지 적어보자.

아프리카 케냐에서 생산자인 농민이 수집상에게 받는 1g당 커피 원두가격을 인터넷에서 찾아 적어보자.

한국에 있는 커피전문점에 커피가 도착할 때까지 어떤 유통경로를 지나는지 인터넷에서 찾아 적어보자.

당신이 마시는 커피 한 잔에 몇 g의 커피가 들어가 있는가? 아메리카노 한 잔에 들어가는 커피가격을 적어보자. 케냐와 우리나라의 커피가격에 몇 배의 가격차이가 있는지 적어보자.

그림 5-8 커피의 가치사슬

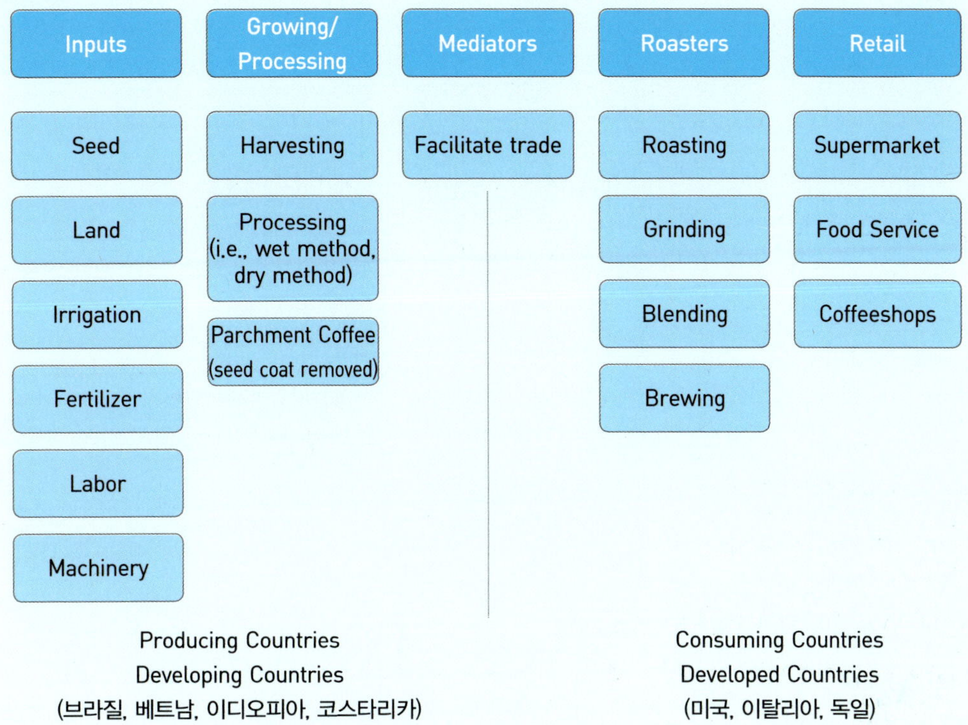

- 북경 왕징에서는 한국의 바나나우유를 사 먹을 수 있다. 한국 판매가격의 2배만 지불하면 된다.
- 중국 산동성에서는 한국에서 공급되는 우유를 마실 수 있다. 얼마나 비쌀까?
- 1995년 한국 서울 혜화동에서 삼겹살이 3,000원 정도일 때 휴스턴에서는 1만원 이었다.

Chapter 6

신제품 개발

* 이 장은 곽영식(2016), 창업을 위해 미학에서 배우는 신상품개발, 서울: 피앤씨미디어에서 뽑았음

모든 창업자와 기존 사업가의 중요의사결정 중의 하나는 신제품을 개발하는 것이다. 목표시장을 만족시키는 어떤 차별적인 상품을 갖고 시장에 진입하느냐가 미래의 성패를 좌우한다. 신제품을 개발하는 방법은 공학적인 TRIZ를 이용하는 방법이나, 광고회사에서 창의성개발을 위해 사용하는 SCAMPER 등이 있다. 이 책에서는 미학적 관점에서 신제품을 개발하는 9가지 방법을 소개하고 독자가 연습할 수 있는 공간을 제공한다.

특히, 이 장에서는 미술, 음악, 건축, 영화, 공연, 문학 등의 다양한 미학적 창작기법들을 소개하고, 이 창작기법들이 실제 경영의 대상인 제품이나 서비스의 창의적 개발/기업운영과 맥을 같이하고 있음을 증명해 보인다.

이 책에서 다루고 있는 미학적 창작기법은 〈그림 6-1〉과 같다. 첫째, 기존의 것에 무엇인가를 더해서 새롭게 차별화된 것을 창작하는 dressing기법을 통해 새로운 상품을 만들 수 있다. 이집트 복식을 예를 들어 소개한다.

그림 6-1 이 책에서 다루는 신제품 창작기법

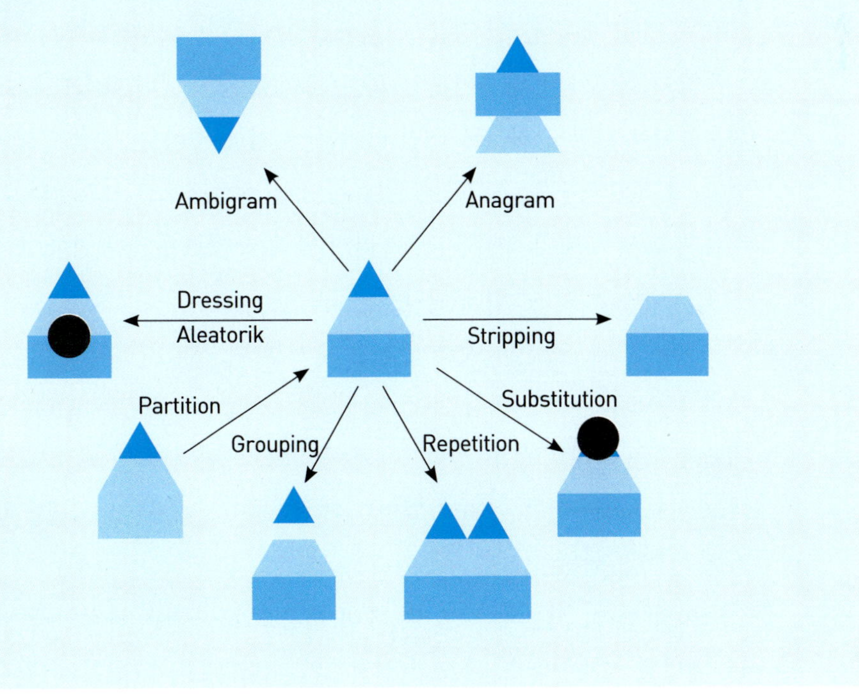

둘째, 기존의 것에서 무엇인가를 제거함으로써 새롭게 차별화를 달성하는 stripping기법에 통해 상품을 개선할 수 있다. 조선시대 한복에서 현대 한복까지의 변천을 통해 stripping을 보여주고자 한다.

셋째, 현재 상태를 어떤 기준으로 몇 개로 분할(partition)하느냐에 따라 새로운 것이 될 수 있음을 보여준다. 여기에서는 몬드리안의 그림을 사례로 들었다.

넷째, 최소영 작가의 청바지 그림이 맨 처음 등장한다. 물감으로 그리던 그림을 청바지로 그린 그림으로 바꾼 놀라움을 독자는 발견하게 된다. 이렇게 기존에 사용하던 재료나 구성요소를 새로운 것으로 대체함으로써 현재 시장기회를 갖게 되었고, 미래에도 대체를 통해 새로운 시장기회를 발견할 수 있음을 보여준다.

다섯째, 기존의 것에 엉뚱한 무엇인가를 결합하는 알레아토릭(aleatorik)을 모차르트의 미뉴에트 작곡과정을 통해 소개한다. 음악이 아주 엉뚱한 창작기법인 알레아토릭을 통해 환상적인 작품으로 승화되는 과정을 보여준다. 이 알레아토릭이 기존 제품의 변종을 발견하는 멋진 생각의 기술임을 라면사례로 제시한다.

여섯째, 기존의 것을 거꾸로 만들어 새로움을 창조하는 앰비그램(ambigram)기법을 배운다. 이 장은 소설가 댄 브라운의 〈천사와 악마〉라는 소설에서 시작하여 漢詩에서 다루어지는 회문(回文)놀이를 앰비그램으로 소개한다. 즉, 회문놀이에서 말도 거꾸로 하면 더 멋진 시가 존재하듯, 상품도 거꾸로 만들 수 있고, 조직도 거꾸로 존재할 수 있다는 것을 실증적으로 제시한다. 이를 통해 독자들은 현재 상태의 것을 거꾸로 하기만 해도 새로운 상품이나 조직 등을 만들 수 있는 상상을 할 수 있게 된다.

일곱 번째, 기존의 것을 만드는 순서를 바꾸어 차별화에 달성하는 과정인 애너그램(anagram)을 학습한다. 이 장에서는 델프트 자기와 우리나라 상감 등의 제조과정을 사례로 들고 있다. 이 장을 읽고 나면 서비스 프로세스설계에서 애너그램(anagram)만을 가지고 얼마나 멋진 새로운 비즈니스모델을 만들 수 있는지를 실감할 것이다.

여덟 번째, 기존의 것을 몇 개의 묶음으로 나누는 과정인 묶어주기(grouping)기법을 소개한다. 김홍도의 신선도와 레오나르도 다빈치의 '최후의 만찬' 사례가 grouping으로 예시되어 있다. 이 grouping을 이용하여 제품이나 서비스를 판매하는 '거래단위'의 변화를 시도할 수 있고, 이런 변화는 서비스 개선 및 비즈니스모델을 창출하는 힘이 됨을 보여준다.

아홉 번째, 기존의 것이 일정한 시간을 두고 다시 나타나거나 동일한 것이 몇 번 동시에 나타나는 반복(repetition)에 대해 다룬다. 몇 세기 동안 회귀하는 복고패션을 여기에서 다룬다. 이런 복고를 통해 과거에 사람들에게 채택되었던 과거의 것이 현대사회에 성공적으로 다시 등장할 수 있다는 믿음을 갖게 된다. 따라서 굳이 새로운 것을 창조하기보다는 과거의 것을 살핌으로써 현재에서도 성공할 수 있다는 믿음을 심어주고자 한다.

1. dressing

dressing이 복식에서 사용하면, 'dressing'은 말 그대로 옷을 입는 것이다. 기존 것에 무엇을 더 입음으로써 더 예뻐진다는 행위를 dressing이라 한다.

의상학에서 dressing을 통해 어떻게 신제품이 탄생되는지를 살펴보기 위해 '고대 이집트 복식'을 살펴보자.

고대 이집트의 왕은 머리에 왕을 상징하는 태양빛 모양의 관을 쓰고, 화려한 목도리를 착용했으며, 주름이 많은 치마를 입고, 그 위에 삼각 에이플론(삼각으로 이루어진 앞치마 같은 것)을 입고 있다. 반면에 이집트의 일꾼이나 노예는 윗몸에는 아무것도 걸치지 않고 '로인클로스(loincloth)'라고 불리는 옷으로 아랫도리만을 감싸고 있다. 이 '로인클로스'는 장방형의 천을 허리에 걸치는 남자의 의복으로 초기에는 왕에서부터 노예까지 폭넓게 사용되었다(Boucher, 1987).

여기에서 주목할 점은 왕이 노예계층에 비해 많은 것을 입었다는 사실이다. 많은 것을 입었다는 것은 기본 형태에 무엇인가를 더했다(dressing)는 것이다. 의상학의 하위학문 중의 하나인 복식(服飾)사회심리학에서 다루는 이슈 중의 하나가 바로 dressing에 의한 사회계층간 차별화이다. 이 dressing을 layering이라고도 부른다. layering은 층을 더한다는 뜻이다. 즉, 사회계층 중 특정계층이 어떤 옷을 기본적으로 입고 있으면, 다른 사회계층은 여기에 더 복잡한 장식을 하거나, 몇 겹의 옷을 더 입어서 차별화를 시도하여 美를 추구하는 것이 layering이다. 즉, 다른 계층보다 더 많은 차별적인 복식을 입음으로써 자신의 계층이 다름을 부각시키는 것이 layering이자 dressing이다. 위의 사례에서 이집트 왕은 노예들이 입는 '로인클로스' 이외에 머리와 목과 몸 등에 장식 및 다른 옷을 더함으로써 dressing을 통한 차별화를 시도하고 있음을 보여주었다. 이집트 복식에서는 왕과 왕비 등의 지배층이 피지배층과의 차별화를 위해 옷을 더 입었던 것이다(Kaiser, 1996).

위의 사례에서 보듯이 기존 제품/서비스/콘텐츠에 무엇인가를 더함으로써 새롭고 차별적인 제품, 서비스, 콘텐츠를 만드는 생각의 기술 또는 창작기법이 바로 'dressing'이다.

의상학에서의 차별화기법(layering 또는 dressing)

남들이 옷 입은 것에, 나는 더 입어서 차별화를 시도한다.

경영학에서의 차별화기법(layering 또는 dressing)

남들에게 없는 무엇인가를 하나 또는 그 이상을 추가함으로써 차별화를 시도한다.

- CJ가 내놓은 햇반의 기본형(210g)에서 최근 대용량(300g)으로 제품의 다양성이 넓어졌다
- 책의 크기를 보면 문고판, 포켓북 등 다양한 사이즈의 책을 만나볼 수 있다.
- 냉장고는 30년 전에 비해 점점 용량이 커지고 있다.
- 100년 전 코카콜라의 병 용기보다 현재 미국에서 팔리는 코카콜라 용량이 크다.
- 가전회사는 기존 TV보다 큰 스크린의 화면을 가진 영상기기를 많이 만들었다.

- 맥도날드 햄버거와 차별화를 하기 위해 버거킹은 햄버거 크기가 큰 와퍼를 만들었다.
- 독일권에서 팔리는 맥주의 용량은 한국의 것보다 큰 경우가 있다.

독자들은 자신이 관심있는 상품을 하나 여기에 적어라. 그 기존상품에 무엇 하나는 추가하여 신제품을 적어보자.

2. stripping

의상학에서의 dressing의 개념이 음악과 미술에서도 동일하게 적용될 수 있고, 이를 통해 새로운 음악, 미술, 의상이 생겨났음을 보여주었다. dressing의 개념의 반대가 eating이라는 개념과 stripping이라는 개념이다. eating은 먹어버린다는 뜻과 생략한다는 뜻이 들어있다. stripping은 옷을 벗어버린다는 뜻이다. 이 개념은 기존의 것에서 삭제하거나 생략하는 것을 통해 차별화를 시도할 수 있음을 시사하고 있다.

dressing의 반대개념으로 사회계층 중 특정계층 또는 특정인이 어떤 옷을 기본적으로 입고 있으면, 다른 사회계층이나 다른 사람이 여기에서 하나 또는 몇 개의 구성요소를 제거함으로써 새로운 것을 만들어 내는 것이 eating이자 stripping이다(Kaiser, 1996; Schmitt and Brown, 2001). 이런 연장선상에서 기존제품에, 기존서비스에, 기존콘텐츠에서 무엇인가를 제거함으로써 새롭고 차별적인 제품, 서비스, 콘텐츠를 만드는 것이 eating이나 stripping이다.

의상학에서의 차별화기법(eating 또는 stripping)

남들이 옷을 입으면, 나는 벗어 버려서 차별화를 시도한다.

경영학에서의 차별화기법(eating 또는 stripping)

남들이 하는 무엇인가에서 하나 또는 그 이상을 제거함으로써 차별화를 시도한다.

> 말을 뜻하는 한자인 馬는 요즘 중국 본토에서 马자로 쓰인다. 간자체는 획수가 많은 한자를 아주 간단한 형태로 stripping했다.

16세기 이후 스타킹은 길어지거나 짧아져 갔다. 발목만 살아남은 경우가 있고, 발목만 제거되기도 한다. 스타킹의 역사는 고객의 사용상황에 맞추어 dressing과 stripping이 이루어진 반복의 역사를 대변한다.

그림 6-2 스타킹의 변천은 다리에 닿는 면적과 부분에 대한 dressing과 stripping의 변화

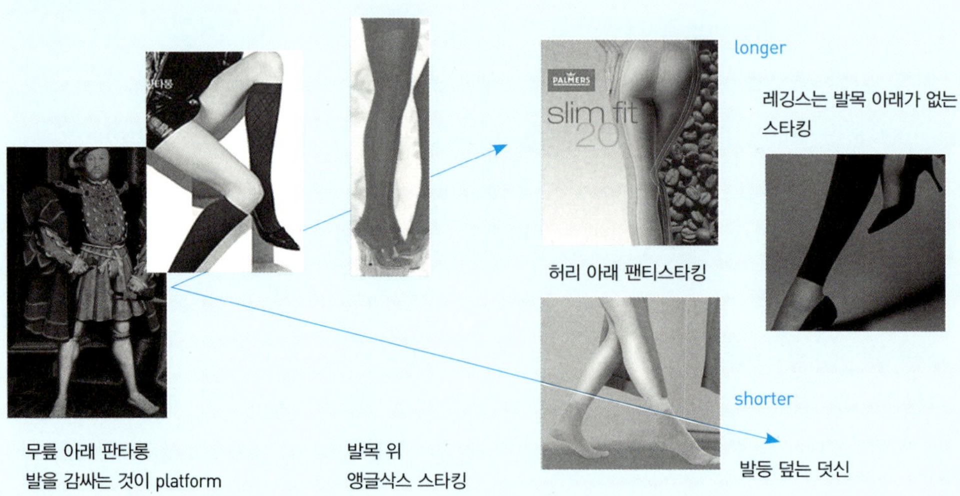

독자들은 자신이 관심있는 상품을 하나 여기에 적어라. 그 기존상품을 구성하는 것 중 하나를 제거하여 신제품을 만들어 보자.

3. 분할을 통한 상품개발: 몬드리안의 그림

몬드리안의 그림은 기하학적 모형과 단순한 색을 화폭에 구성하는 작품으로 유명하다. 형태 - 색상 - 콘텐츠 중 형태와 색상만을 사용하고 있다. 이 중 우리가 주목하는 것은 기하학적 분할이 얼마나 화면을 멋지게 구성하는가이다. 그는 각종 크기의 네모와 윤곽선을 사용하여, 단순한 면의 분할이 아주 여러 가지 디자인으로 관람객에게 보여질 수 있다는 것을 보여주었다.

이 작품에서 독자들이 파악해야 할 것은 우리가 가지고 있는 제품이나 서비스를 어떻게 분할하느냐에 따라 고객들에게 전혀 다른 신제품이나 서비스로 보여진다는 점이다. 조직도 마찬가지이다. 기업이 조직성과를 높이기 위해 아주 다양한 조직이나 기능으로 기업을 분할하여 조직화할 수 있다. 구조가 성과를 좌우한다는 가설에 동의한다면, 조직의 구조를 어떻게 분할하느냐에 따라 기업이 고객들에게 내보내는 제품이나 서비스도 달라지고, 기업의 성과도 달라질 것을 예상할 수 있다.

그렇다면 무엇을 기준으로 분할할 것인가? 시장세분화의 기준은 많은 책에서 흔히 다루어지는 주제이므로 이 책에서는 자세히 다루지는 않는다. 다만, 기존 책에서 자주 다루어지지 않은 시간과 공간에 의한 분할로 새로운 사업기회를 만들어 보자.

(1) 시간을 이용한 분리

첫째로 '시간단위'를 기준으로 분할할 수 있다. 제품의 수명이나 서비스의 단위를 기존 것과 다른 시간단위로 나누어 줌으로써 새로운 것을 창출할 수 있다.

- 북경 왕징(望京)에서 발마사지는 통상적으로 1시간이지만, 북경시내에 있는 궈마오(國貿) 발마사지는 30분짜리가 있다.
- 야구선수들의 근무계약단위는 1년 또는 다년계약으로 연간단위이다. 하지만, 영국의 축구선수들은 주, 월단위로 단위로 계약을 할 수도 있고, 미국의 교수들도 월 단위로 계약할 수 있다.
- 식당에서는 동일한 음식이라도 런치메뉴 때와 저녁메뉴 때의 가격이 다르다.

둘째로 '사용시간에 의한 분리'를 실시할 수 있다. 비행기의 바퀴를 보자. 초창기의 비행기에는 바퀴가 비행기 몸체에 붙어 있어서, 비행기가 날아가는 동안에 저항을 받게 된다. 사실 바퀴는 지상과 이착륙에서만 필요했으므로 사용시간이 아닌 비행 중에는 바퀴를 없애는 것이 좋은 상태인 것이다. 그래서, 이륙 후에는 바퀴가 접어져서 몸체에 들어가는 창작이 발생한 것이다. 이것이 사용시간에 의한 분리이다. 사용시간에만 있고, 비사용시간에는 없애는 것이다.

(2) 공간에 의한 분리

사용 장소에 따른 분할이 가능하다. 〈그림 6-3〉을 보면 각기 다른 장소에서 팔리는 동일한 용량의 콜라가 얼마나 가격차이가 나는지를 보여준다. 그림에서 보듯 마케터는 사용 장소를 분할하면 분할할수록 이익을 더 챙길 가능성을 갖게 됨을 알 수 있다.

프랑스 파리에 있는 카페에 들어가 커피를 마셔보면, 매장 밖 테라스에서 마시는 경우, 매장 안 테이블에 앉는 경우, 바 테이블에 서서 마시는 경우에 모두 커피 값이 다르다. 동일한 커피를 소비 공간의 위치분할로 가격차별화를 시도한 사례이다

그림 6-3 사용 장소에 의한 가격차별화(Raju and Zhang, 2010)

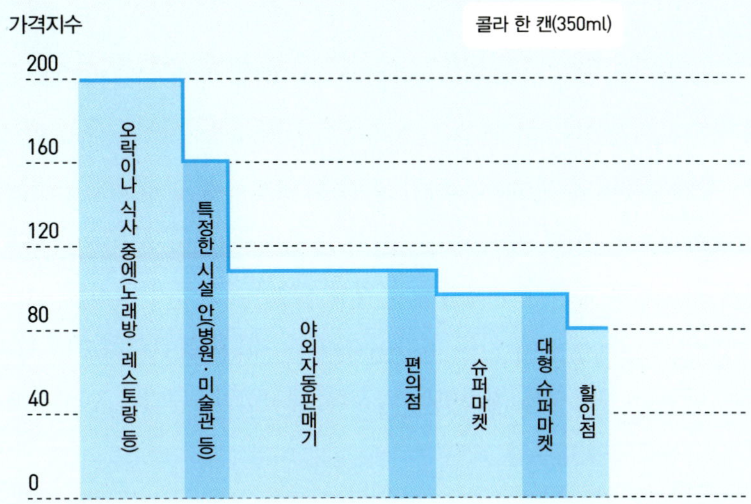

독자들은 자신이 관심있는 상품을 하나 여기에 적어라. 그 기존상품의 사용시간에 따라 분할하여 가격을 달리 매겨보자.

4. 물감이 청바지로 대체(substitution), 재료의 미학

최소영이라는 작가의 24세 때 작품이 외국의 경매시장에서 비싼 가격으로 팔리고 난 후에, 그의 작품에 대한 많은 관심이 있어왔다. 아주 일부 작품에서 물감을 사용하기도 하지만, 그의 작품은 물감 대신에 '청바지'를 사용한다. 그는 물감이 당연히 차지해야 할 공간을 청바지로 채우는 독특한 방식으로 세계의 주목을 받는 촉망받는 작가이다.

이 화가의 작품이 비싼 가격에 팔리는 이유 중의 하나는, 물감을 청바지로 대체했다는 점이다. 이 과정은 재료와 질감(materials and texture)의 승리인 것이다. 청바지라는 소재(materials)가 물감을 대체하며 관람객에게 주는 시각적 효과와 함께, 청바지가 가지는 촉각적인 느낌(texture)이 회화에 더해져 질감을 느끼게 함으로써 회화가 공간감을 가지게 되었다. 회화가 가지는 2차원적 평면에서 벗어났으며, 동시에 기존 조각이 가지는 3차원 공간감하고는 전혀 비교되지 않는 독특한 공간감을 최소영의 작품은 제공한다. 물감을 청바지로 대체한 이 작가의 상상력에 박수를 보낸다.

- 대체품의 사용이 완전히 새로운 신제품 라이프스타일이 된 경우도 있다. 예를 들어 TV는 브라운관에서 PDP, LCD, LED 등으로 발광소재의 대체를 통해 신제품을 계속 시장에 선보이고 있다.
- 감기약의 종류를 잘 생각해 보면, 입에 털어 넣는 경구형 약, 사탕처럼 빨아 먹는 약, 아이들을 위해 항문에 삽입하는 약 등 형태의 대체가 다양하게 나타난다.

독자들은 자신이 관심있는 상품을 하나 여기에 적어라. 그 기존상품의 주요 재료를 적어보자. 그 상품의 주재료를 다른 무엇으로 대체할 수 있나 적어보자. 그렇게 변화한 상품을 누가 주로 구매할지를 적어보자.

5. 알레아토릭(Aleatorik)

알레아토릭(Aleatorik)이란 예술에서 창작의 전부 또는 일부를 우연에 맡기는 방법을 말한다. 알레아토릭에서 '알레아'는 라틴어로 '주사위'라는 뜻이다. 가령, 미리 많은 악보나 소재를 나열해 놓았다가 주사위를 던져서 주사위가 가르치는 순서의 악보나 소재 순으로 전체를 완성해 나가는 일종의 놀이나 암호를 일컬어서 알레아토릭이라 한다(진중권, 2005).

하지만 알레아토릭을 이용하여 창작이 이루어지는 과정과 결과물을 보면, 〈표 6-1〉과 같이 세 가지 성격으로 나눌 수 있다. 첫째는 사전적 의미의 알레아토릭으로 사전에 정해 놓은 것들에 무작위 순서를 부여함으로써 우연에 의해 창작을 하는 경우이고, 둘째는 창작과정에 우연성을 가미하여 사후적으로 나온 산출물을 창작물로 여기는 것이고, 셋째는 관계없는 것들끼리 격자놀이를 통해 관계있는 것으로 묶어주는 행위이다.

표 6-1 알레아토릭의 분류

구분	내용
사전적/제한적 우연 (a priori)	•사전에 만들어 놓은 산출물이 존재 •사전에 만들어 놓은 산출물을 배열순서를 무작위로 결정 •사전에 결정된 우연성의 범위 •사례 1: 모차르트의 미뉴에트악보 •사례 2: 장 아르프(1887~1966)는 글자가 적힌 종이를 찢어 바닥에 떨어뜨려 얻어지는 낱말의 우연한 조합으로 시를 지었다. •사례 3: 전위예술가 존 케이지는 샘플을 무작위로 배열해 작곡을 했다.
사후적/임의적 우연 (post hoc)	•창작의 도구를 의지를 갖고 임의로 전개 또는 실행 후 산출물을 작품으로 인정 •이미 만들어져 있는 무엇인가를 창작물로 간주하거나 명명 •사전적으로 우연성을 결정할 수 없음 •사례 1: 다다이즘 미술가 마르셀 뒤샹(1887~1968)은 1m 길이의 실 세 개를 떨어뜨려 그대로 작품으로 삼았다. •사례 2: 변기를 설치해 놓고 변기라고 작품으로 명명한 경우나 변기에서 아름다움을 채취하는 경우
의도적 격자놀이	•관계가 없던 도구 것들끼리 의도를 가지고 서로 임의로 묶어주는 행위 •사례 1: 물감을 대신해서 청바지로 회화작품을 만드는 경우 •사례 2: Jazz 연주가 존 맥러플린은 '마하비슈누 오케스트라'라는 음반에 인도 음악을 일부러 넣은 경우 •사례 3: 칙 코리아라는 음악가가 라틴 음악과 클래식을 접목한 재즈를 하는 경우

먼저, 사전적으로 준비된 상태에서 우연을 이용해서 작품을 만드는 경우인 순수한 사전적 의미의 알레아토릭을 살펴보자.

- 초현실주의 조각가이자 시인인 장 아르프(1887~1966)는 글자가 적힌 종이를 찢어 바닥에 떨어뜨려 얻어지는 낱말의 우연한 조합으로 시를 지었다.
- 전위예술가 존 케이지는 샘플을 무작위로 배열해 작곡을 했다.
- 모차르트는 사전에 만들어진 샘플 표를 놓고, 주사위던지기를 통해 미뉴에트의 16마디 작품으로 만들어 낸다.
- 다다이즘 미술가 마르셀 뒤샹(1887~1968)은 1m 길이의 실 세 개를 떨어뜨려 그대로 작품으로 삼았다. 이 사람은 처음부터 이 실을 떨어뜨리면 실이 무작위로 낙하하면서 이상한 형태가 나올 것이고, 이 이상한 형태에서 아름다움을 느끼면서 작품이라고 주장할 강력한 의도를 갖고 있었던 것이다.

위의 두 사례는 사전적으로 어떤 산출물이 산출될 것을 기대할 수 없었다는 특징이 있다. 그래서 사전적/제한적 알레아토릭보다 훨씬 풍부한 산출물을 얻게 된 것이다.

이제 마지막 단계의 알레아토릭은 위와 같이 우연에 의해 창작이 이루어지기도 하지만, 의도(intention)를 갖고 '관계가 없는 것들끼리' 관계를 맺어주는 것도 알레아토릭의 확장으로 이해할 수 있다. 저자는 이를 '의도적 격자놀이'라고 부른다.

- 재즈음악가 존 맥러플린은 '마하비슈누 오케스트라' 음반에 인도 음악을 넣는다
- 재즈음악가 칙 코리아는 라틴 음악과 클래식을 접목한 재즈를 한다

이 책에서는 세 번째 '의도적 격자놀이'를 중심으로 예술품들의 창작과정이나 내용을 살펴보고, 이 방법에 의해 제품 서비스 개발뿐만 아니라 정치·경제·사회의 몇 가지 이슈를 창작해 본다. 〈그림 6-4〉는 의도적 격자놀이 형태의 알레아토릭을 보여주고 있다. 첫째 열에는 기존제품에 결합할 만한 무엇인가를 적

그림 6-4 '의도적 격자놀이'의 기본 형태

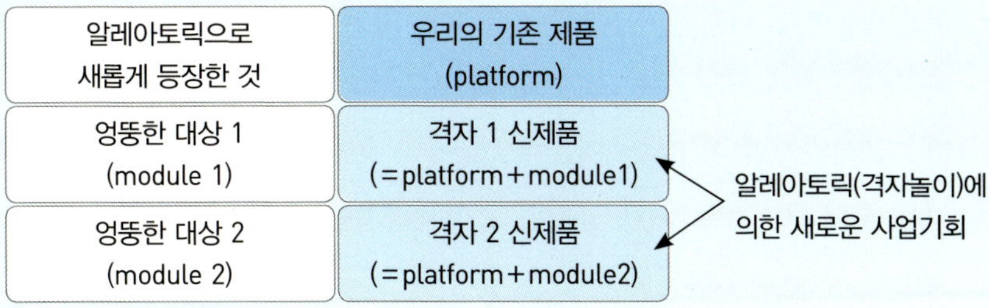

는 곳이다. 두 번째 열의 맨 윗 행은 우리가 관심있어 하는 제품이나 서비스를 놓는다. 그러면, 첫째 열의 세로에 놓여있는 대상과 둘째 줄의 첫 행에 있는 플랫폼(platform)이 만나는 격자에 새로운 신제품이 구성(design)된다. 경영자는 새로운 격자의 시장성을 점검하면 된다.

역사 속에 등장하는 많은 신화적 창조물이나 건축, 미술, 음식 등의 문화 속에는 알레아토릭의 산물이 무궁무진하게 등장한다. 먼저 이집트 피라미드 앞에 있어서 유명한 스핑크스를 머릿속에 떠올려보자. 스핑크스는 본래 이집트의 것이다. 이 더운 나라의 스핑크스는 여인의 머리와 사자의 몸이 결합한 형태이다(정재영, 2008). 즉, 여인과 사자의 의도적 격자놀이의 산물인 알레아토릭이다.

스핑크스(=여인의 머리+사자의 몸)

이집트의 스핑크스는 로마로 진출했다. 비엔나 미술사 박물관에 있는 도자기를 보면, 로마시대의 항아리에 스핑크스가 그려져 있다. 그런데, 오스트리아에는 유난히 스핑크스가 많아 보인다. 유명한 클림트의 '키스'라는 작품이 있는 벨베데레(Belvedere) 상궁(upper palace)으로 걸어가는 길에 겨울 추위 속에 앉아 있는 저 스핑크스를 보라. 사자의 몸과 여인의 얼굴이 알레아토릭되어 있다. 이 스핑크스는 프랑스혁명이 시작된 파리시청(Ville de Paris)건물 외관에도 있다.

비엔나(Wien, Vienna)에서 유명한 것 중의 하나가 커피이다. 우리가 비엔나커피라고 부르는 것에 가장 유사한 것이 '아인슈패너'인데, 따뜻한 커피에 아이스크림이나 휘핑을 올려주는 것이다. 차가움과 뜨거움의 만남인 알레아토릭이다.

알레아토릭 기법을 우리 실생활에 적용시키는 가장 간단한 방법은 격자놀이를 통해 모차르트가 한 것처럼 수평축과 수직축에 넣어 놓고 이들이 격자에서 만나는 곳을 시장기회로 찾는 방법이다. 이 과정에서 우리는 세로와 가로 격자에 넣을 콘텐츠(contents)를 생각하게 하는 기회가 되고, 그 격자에서 만난 새로운 창작물의 실현가능성을 점검하는 기회를 갖는다.

예술에서의 알레아토릭은 기존에 관계없던 것을 우연이나 의도적으로 결합시키는 것
경영에서의 알레아토릭은 내 사업과 관련 없던 것을 우연이나 의도적으로 결합시키는 것

독자들은 자신이 관심있는 상품을 하나 여기에 적어라. 그 기존상품과 결합할 수 있는 새로운 제품카테고리를 적어보자. 그런 결합제품을 누가 구매할지를 적어보자.

6. 앰비그램

'글자를 뒤에서부터 거꾸로 읽는 게 아니라, 아예 위와 아래를 뒤집어놓고 읽을 수 있는 단어나 문장을 만드는 것', '글자나 그림을 180도 돌려보아도 위아래가 같은 모습으로 읽혀지는 것' 이것을 앰비그램(ambigram)이라 한다. 진중권(2005)은 이를 글자나 그림의 위아래를 뒤집어 놓고 보는 일종의 물구나무 세우기라고 정의하고 있다. 몇 가지 사례를 들어보자

〈다빈치 코드〉의 저자 댄 브라운의 소설 중에 〈천사와 악마〉라는 것이 있다. 이 소설에서는 살해당하는 시신마다 정교한 '앰비그램'이 낙인 찍혀 있다. 작가인 댄 브라운이 만든 것은 아니고, 디자이너인 존 랭던이라는 사람이 댄 브라운의 부탁을 받고 소설 〈천사와 악마〉를 위해 만든 것이다. 댄 브라운이 이 디자이너의 이름을 따서 소설 속의 주인공인 로버트 랭던의 이름을 지었다는 설도 있다. 〈그림 6-5〉는 이 소설의 첫 희생자의 몸에 새겨져 있던 '일루미나티'라는 문구의 앰비그램이다. 참고로 air라는 단어의 앰비그램도 첨부하였다. 바로 읽거나 거꾸로 읽거나 동일한 글자가 된다. 또한 Scott Kim이라는 작가가 자신의 성을 앰비그램한 것을 보라. 아래 위를 뒤집어 놓아도 Kim이다.

이제 앰비그램을 이용한 제품 사례를 살펴보자. 아래와 같이 제품의 구성요소 중의 일부나 전체를 완전히 뒤바꾸어서 새로운 신제품을 만들어 내는 경우가 많다. 아래 자동차 사례처럼 한 제품 안에서 많은 앰비그램이 적용된 경우도 있다.

그림 6-5 앰비그램의 디자인 사례(일루미나티, air, kim)

- 자동차 후륜구동에서 전륜구동으로의 변화
- 엔진의 위치가 휘발류 자동차는 앞면에 있는데, 전기자동차는 후미에 설치한 사례
- 자동차에서 기름 넣는 구멍이 왼편에 있는 차, 오른편에 있는 차
- 운전석이 왼편에 있는 차, 오른편에 있는 차
- 자동차 본넷을 여는 방향이 앞으로 열리는 경우와 뒤로 향하게 여는 경우
- 곡선 위주의 디자인이었던 현대자동차의 쏘나타가 2009년에 직선 위주의 디자인으로 교체된 사례
- 열쇠가 있는 자동차 열쇠가 없는 자동차
- 모토롤라의 초기 휴대폰 폴더는 아랫면으로 폴더가 열렸는데, 후속제품은 윗면으로 폴더가 열리는 제품을 만든 경우
- 화장품 뚜껑이 위에 있고 바닥에 올려놓은 경우가, 뚜껑이 아래쪽에 위치해 바뀐 경우
- 컵에 커피 넣고 물 넣는 경우와 물 넣고 커피 넣는 경우에 맛이 다르다는 것을 발견하는 경우

독자들은 자신이 관심있는 상품을 하나 여기에 적어라. 그 기존상품의 구성요소를 거꾸로 해 보자. 그런 거꾸로 된 제품을 누가 구매할 가능성이 높을지 적어보자.

7. 애너그램(anagram)

한 문장에 사용된 문자들의 순서만 바꿔서 다른 문장을 만드는 일종의 놀이나 암호를 일컬어서 애너그램(anagram)이라 한다. 우리글처럼 한 글자에 초성/중성/종성이 모두 들어가 있는 글에서는 애너그램을 만들기 쉽지 않지만, 로마자처럼 한 단어가 여러 개의 철자로 나열되어 있는 경우에는 애너그램을 만들기가 쉽다.

댄 브라운은 그의 소설 〈천사와 악마〉에서 앰비그램(ambigram)을 사용하더니, 소설인 〈다빈치 코드〉에서는 애너그램을 사용하였다. 댄 브라운의 〈다빈치 코드〉에서 처음으로 살해 당하는 루브르 박물관의 소니에르 관장은 총을 맞고 죽어가면서 여러 가지 암호를 남겼는데, 모두 애너그램이다.

'O, Dracomian devil Oh, lame saint'이라는 말인데,
'오 냉혹한 악마여, 오 불구의 성인이여!'라는 뜻이다.

이 글을 주인공인 로버트 랭던은

'Leonardo da Vinci, The Mona Lisa'
라는 말의 애너그램으로 해석한다.

하지만 이렇게 숫자나 문자의 배열 순서를 바꾸어서 새로운 의미를 제시하는 것 이외에 공예나 영화/연극과 같은 예술분야에서는 애너그램을 통해 새로운 창작물을 만드는 작업을 계속해 왔다.

자기는 본래 중국이 원조이고, 이것이 고려, 일본으로 전파되었고, 이를 모방하는 데에서 유럽의 자기가 완성된다. 유럽의 전통자기는 그림이 그려진 위치에 따라 두 종류로 나누어진다. 유약을 칠하지 않고 구운 표면에 그림을 그려 넣은 다음, 그 위에 투명한 유약을 입히고 다시 굽는 경우에 그림은 유약 속에 들어가 있으므로 이를 속그림 자기라고 한다. 반면에 유약을 바르고 구운 자기 위에 그림을 표면에 그려 넣은 자기를 겉그림 자기라 한다(베니야마,

2006; 브라운, 2000).

〈그림 6-6〉은 겉그림 자기인 이탈리아의 마졸리카(마욜리카) 자기와 속그림 자기인 네덜란드의 델프트 자기와 스페인의 루스트레(Lustre) 자기의 작업과정을 비교하여 보여준다.

델프트 자기는 원료를 선정하여 도기 본체를 만든 후 초벌구이를 실시한다. 錫釉를 칠하고 잘 말린 다음, 그 위에 그림을 그린다. 여기 위에 다시 유약을 칠하고 구우면 투명한 유약 속에 그림이 존재하는 속그림 자기가 된다. 반면에 마졸리카 자기는 유약을 바르고 난 후에 맨 겉면에 그림이 존재하기 때문에 델프트 자기와는 그림과 유약 순서가 애너그램 되어 있는 창작순서를 가진다. 마졸리카 자기는 그림이 표면에 노출되어 있기 때문에 오래 사용하다 보면 그림이 조금씩 벗겨진다. 스페인의 루스트레 자기는 속그림을 그린 자기이지만 석유를 칠하고 말리는 작업이 stripping되어 있다는 특징이 있다. 이런 과정의 결과에 따라 자기에서 느끼는 작품의 질과 내구성 등에서 차이가 나게 된다.

그림 6-6 마졸리카 자기, 델프트 자기, 루스트레 자기의 창작순서 차이

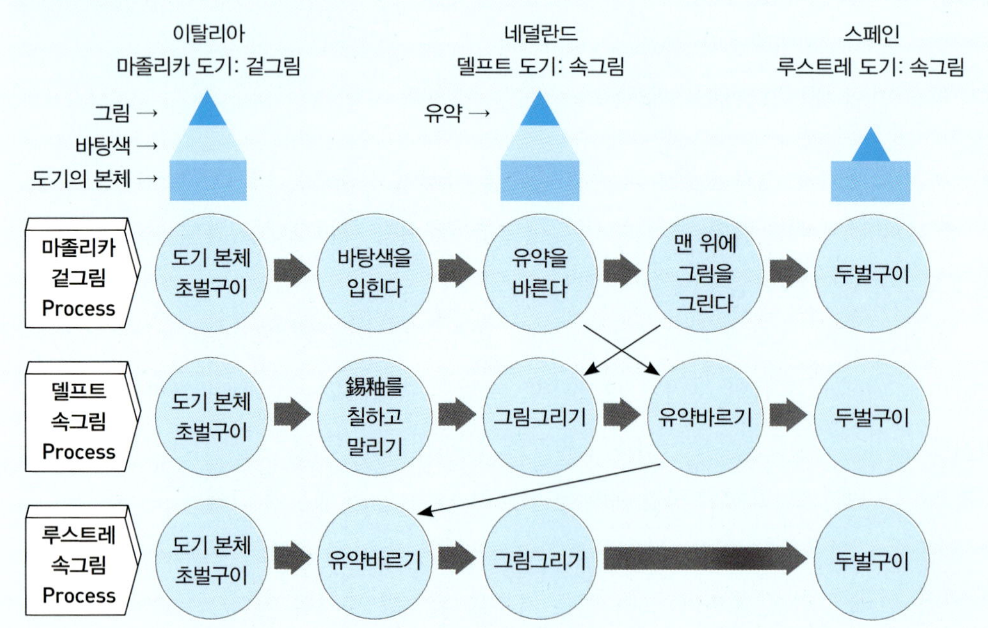

독자들은 자신이 관심있는 서비스를 하나 여기에 적어라. 그 서비스의 순서를 나열하라. 그 나열된 순서를 바꾸어서 신선한 서비스를 구성해 보자.

8. Grouping과 다빈치

이리저리 좋다는 그림을 구경하며 관찰하다보면, 그림 속에 그려진 대상들이 때로는 혼자, 때로는 여러 개가 하나로 묶이거나 아주 가까이 그려져 있다는 것을 발견할 수 있다. 화가들은 묶어두기(grouping)에 신경을 많이 쓰고 있음을 알 수 있다. 우리는 여기에서 '묶어두는 것'을 '가까이 두는 것'이라고 부르기도 한다.

'최후의 만찬'을 그린 다빈치의 그림을 인터넷에서 찾아보자. 예수님은 혼자 중앙에 계시고, 제자들은 세 명이 한 묶음씩 묶여서 예수님의 좌우에 2개 묶음씩 모여서 표현되어 있다. 각 묶음은 일정한 인물 숫자로 이루어지고 있어서, 보는 사람의 눈에 조화와 균형감을 느낄 수 있다.

이렇게 관람자가 어떤 그림에서는 조화와 균형미를 느끼고, 다른 어떤 그림에서는 산만함을 느끼는 것은 화가들이 그리고자 하는 대상을 가까이 두거나 붙여서 표현하는 것과 관련되어 설명될 수 있다. 화가들은 그리고자 하는 대상끼리 멀리 두거나 가까이 두면, 관람객은 대상을 다르게 느낀다는 것을 알고 있다. 또한 화가들은 몇 개끼리 묶어둘 것인가에 따라 관람객의 효과가 다르다는 것도 알고 있다. 그래서 화가들이 그림을 그릴 때 묶음에 대해 의사결정을 해야 하는 것은 다음 세 가지이다.

- 대상을 묶을 것인가, 아니면 묶지 않을 것인가? (묶을지 여부 의사결정 또는 거리 두기 의사결정)
- 묶는다면 몇 개씩 묶을까? (묶는 단위 의사결정)
- 묶는다면 일정하게 묶을까, 일정하지 않은 숫자로 묶을까?

현대에도 한국은 묶어 파는 것이 보편적으로 목격된다.

1. 홈쇼핑에서 7종 팬티세트(왜 7종으로 묶을까?)
2. 맥주는 6개를 한꺼번에 주로 판다.(1회 구매량이 6개 근처인가 보다!)
3. 라면은 5개를 한꺼번에 주로 묶는다.(다섯 개를 한꺼번에 먹나?). 라면박스에는 40개가 들어 있다.
4. 음반에 한 곡만 있는 싱글앨범은 드물다.
5. 담배는 20개피가 한 갑이다.
6. 건전지는 1개, 2개, 4개, 10개, 20개 묶음으로 살 수 있다.
7. 햇반은 개별로도 살 수 있고, 5개, 10개 묶음으로도 살 수 있다.

위의 사례에서 보듯이 묶어두는 것은 고객들에게 다른 주관적 가치를 제공하고, 이 가치에 따라 판매에 영향을 미친다. 그래서 오랜 세월 동안 한국만은 다양한 묶음형태를 선보여 왔다.

그렇다면 왜 각 제품을 저렇게 다양한 숫자로 묶어서 파는 것일까? 그 숫자는 최적인가? 이런 질문에 대한 답으로 제시할 수 있는 가설 중의 하나는 '저 묶어둔 숫자들은 소비자행동 중 구매 및 소비단위를 반영하고 있을 것이다'라는 것이다. 한 자리에서 맥주를 먹는 양이 6병 근처이므로 6개를 맥주판매단위로 묶지 않았을까? 아니면 아무 생각 없이 판매자들의 편의에 의해 제품묶음 단위가 결정된 것이 아니었을까?

위와 같은 질문에 체계적으로 답하기 위해, 비즈니스에서 묶기와 관련된 두 가지 의사결정내용을 정리해 보면 다음과 같다.

- 무엇을 대상으로 묶어두고 떼어 놓을 것인가? (거래단위 의사결정)
- 묶는다면 몇 개씩 묶을까? (단위크기 의사결정)

독자들은 자신이 관심있는 상품을 하나 여기에 적어라. 그 기존상품을 몇 개 단위로 묶어보자.

9. 반복(repetition)과 모방(imitation)

사람들은 왜 반복하고 왜 모방하는 것일까? 반복은 모방이다. 그것이 시차를 두고 나타나던, 시차 없이 같은 시대 같은 공간에 존재하던지, 반복은 모방이고, 모방은 반복이다.

모방을 보자. 모방은 무엇인가를 따라 베낀 것이다. 그 무엇은 지금 것보다 먼저 시간에 존재한 것이다. 우리가 모방한 것은 과거에 있었고, 그 과거에 사람들에게 사랑받은 것이다. 또는 그 시대에 사랑받지 못했지만, 현재 사람들에게 사랑받을 만한 것이다. 여기서 주목할 것은 과거에 존재했다는 점이다.

과거에 존재했으므로 과거에 가능성을 갖고 만들어졌을 것이다. 가능한 것만이 우리의 마음을 움직인다. 우리는 일어나지 않은 것의 가능성은 믿지 않지만, 일어난 것은 분명히 가능하다고 생각한다. 그렇지 않다면 일어나지 않았을

테니까(아리스토텔레스 시학 9장). 따라서 과거에 존재했다는 것은 그 시대 사람에게 무엇인가를 주었다는 것이므로, 현재 존재할 경우 과거 사람들과 생물학적 DNA가 비슷한 현재 사람에게 무엇을 줄 가능성이 있다고 해석한다.

그러므로, 과거에 없었던 것을 완벽히 새로운 것을 만들어서 시장에 제시하는 것보다, 과거에 있었던 것을 현재 제시했을 경우에 시장에서 채택할 가능성이 높은 것이다. 이런 가능성을 작가를 포함한 예술가들이 포착한 것이다.

> 과거에 채택받은 것이므로 현재도 채택할 가능성이 높다.

- 영화 취권이 뜨자, 마권, 애권 등이 마구 쏟아져 나온 사례
- '무한도전'이라는 프로그램이 뜨자, '무한걸스', '남자의 자격', '1박 2일' 등 몇 명의 등장인물이 매주 다른 도전과제를 성취하는 프로그램이 양산되는 사례
- 슈퍼스타 K가 뜨자 서바이벌 오디션 프로그램이 다투어 나타나는 사례

그렇다면 반복미를 통해 시장에서 채택받을 수 있는 신제품을 어떻게 만들어 낼 수 있을까?

모방예술은 실재를 재창조하지만 정교하게 조직해야 하고, 그 결과 관객들에게 정서를 불러일으킬 수 있는 가상의 세계를 만들어낸다(티어노, 2002). 이런 측면에서 모방제품은 모방의 원천이 되는 제품이나 서비스를 재창조하지만, 아주 정교하게 재조직해야 하고, 그 결과 소비자나 구매자에게 정서를 불러일으킬 수 있는 가상의 세계를 만들어야 한다.

우리는 세 가지 경우로 나누어 살필 수 있다.

- 남들이 제시한 제품을 따라하기(follower전략)
- 내가 제시한 제품의 변종을 생산하여 제품계열을 늘기고, 이를 통해 선택폭을 넓히기
- 과거에 존재했던 대상을 일정한 시간이 흐른 뒤에 다시 제시하는 경우(복고)

- 박카스가 성공하자 원비디 등의 유사하지만 차별적이라고 외치는 다른 경쟁사의 시장진입. 아무리 이들이 서로 다르다고 광고해도 이들은 고객의 정신을 번쩍 나게 하는 기능성음료이다.
- 맥도날드가 햄버거로 성공하자, 버거킹은 햄버거 대신 '와퍼'라는 햄버거를 시장에 내놓았다. 와퍼도 햄버거이다.
- 일반 패스트푸드점에서는 얼음 갈아 넣은 용기에 색소 및 아이스크림 등을 넣은 제품을 '슬러쉬'라는 이름으로 판다. 하지만 던킨도너츠는 쿨라타, 배스킨라빈스는 '블라스트'라는 이름으로 판매하는 제품이 있다. 이들 모두 슬러쉬이다.
- 미니스커트가 유행하자 많은 업체의 치마길이가 모두 짧아져서, 고객들은 짧은 치마를 선택할 수밖에 없어진다.
- 웅진식품이 만들어 내는 음료들은 거의 시장에 처음 소개되는 제품들이다. 다른 경쟁사들이 웅진식품의 히트상품을 모방하는 경우가 많다.

이렇게 경쟁사가 모방을 통해 반복적으로 시장에 뛰어들면 두 가지 형태로 성과가 나타난다. 처음에 고객 마음에 들어간 상표가 고객의 마음을 사로잡아서 추종자는 모방을 통해 반복적으로 고객에게 다가가는 것이 효과가 없는 경우이다. 인도 탄산음료시장을 보면 펩시가 압도적으로 많이 팔리는데, 코카콜라가 먼저 진입한 다른 지역과 달리 펩시가 먼저 인도시장에 들어갔기 때문에 고객입맛에 펩시를 길들여 놓은 경우이다. 다른 하나는 추종자가 선도자를 이겨버리고 시장을 점령하는 사례이다. Lotus라는 계산프로그램을 제치고 Excel이 이긴 경우를 말한다.

패션주기는 새로운 스타일이나 패션형태가 시장에 소개된 이후 소수의 소비자들에 의해 채택되기 시작하면서 점차 이를 수용하는 소비자들의 수가 절정에 이른 다음에 인기가 하락하여 시장에서 자취를 감추는 일련의 과정이다(안광호·황선진·정찬진, 1999). 패션주기의 형태는 패션주기의 길이(시간의 지속성)와 유행의 정도에 따라 패션, 패드, 클래식, 순환주기(복고패션) 등의 형태를 갖게 된다.

그림 6-7 패드, 패션, 클래식, 순환주기의 차이

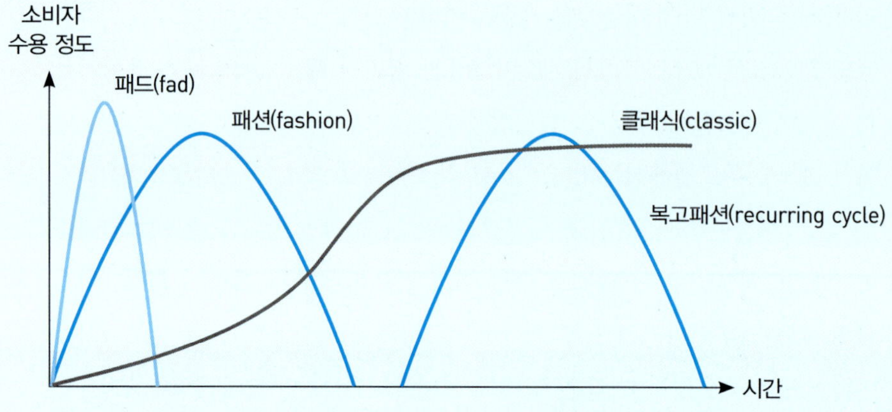

클래식은 긴 패션주기를 가지며 패션시장에서 사라지지 않고 오랫동안 소비자에게 수용되는 경우를 말한다. 셔츠블라우스, 카디건 스웨터, 블레이저 등이 여기에 속한다. 쉽게 구식이 되지 않고 전통적이라는 느낌을 소비자나 관찰자에게 준다. 껌 시장에는 스틱껌을 사례로 들 수 있다.

패드(fad)는 수명주기가 짧게 나타나는 경우이다. 채택하는 소비자의 수가 단기간에 급격히 증가하여 유행이 되었다가 바로 쇠퇴하는 경우를 말한다. 패드는 일반적으로 젊은층이나 일부 소비자집단에만 영향을 미치며, 찢어진 청바지, 핫팬츠, 배꼽티 등을 예로 들 수 있다.

패션이란 패드보다는 장기적으로 나타나 소개기, 성장기, 성숙기, 쇠퇴기의 사이클이 나타나는 경우를 일반적으로 통칭한다. 따라서 패드보다는 길고, 클래식보다는 짧은 시장판매기간을 가지게 된다. 1950년대 햅번스타일이 그 사례이다. 자일리톨껌은 패션의 성숙기에 들어가 있다.

여기에서 한 가지 주목할 것은 행동의 모방은 유행현상을 낳는다는 점이다. 오늘날처럼 여성 옷에서 유행이 차지하는 역할이 커지면 옷에 대한 각자의 태도는 유행에 대한 태도에 따라 크게 둘로 나뉘게 된다. 즉, 유행을 따르는가 아니면 무시하는가이다. 유행을 무시하는 것도 모방적 판단이고, 유행을 따르는 것은 현저한 모방현상을 만들어 낸다. 그래서 이 모방현상의 크기에 따라 클래식, 패션, 패드가 모두 존재하게 된다.

패드나 패션이 시장에서 사라졌다가 다시 등장하는 경우를 복고 또는 순환주기패션이라 부른다. 1950년대 햅번스타일이 1990년에 다시 등장하거나, 1980년대 물빠진 청바지가 2010년경에 다시 등장하는 것을 목격할 수 있다.

독자들은 자신이 과거에 사용하던 제품 중 현재 사용되지 않는 상품을 하나 여기에 적어라. 그 기존상품이 새롭게 유행할 가능성이 있는지를 적어보자. 왜 그렇게 생각하는지 적어보자.

참고문헌

Boucher, F.(1987), *20,000 Years of Fashion The History of Costume and Personal Adornment*, Henry Abrams.

Kaiser, S.(1996), *The social psychology of clothing: Symbolic appearances in context*, NY: Fairchild Books.

Raju, J. and Zhang, Z.(2010), *Smart Pricing: How Google, Priceline, and Leading Businesses Use Pricing Innovation for Profitability*, NJ: Wharton School Publishing.

Schmitt, B. and Brown, L.(2001), *Build your own garage: Blueprints and tools to unleash your company's hidden creativity*. NY: Free Press.

곰브리치, 에른스트(2003), 서양미술사, 서울: 예경.

댄 브라운(2000), 천사와 악마, 서울: 베텔스만.

마이클 티어노(2008), 스토리텔링의 비밀, 서울: 아우라.

베니야마(2006), 유럽에 빠지는 즐거운 유혹, 서울: 스타북스.

야콥, 하인리히(2005), 빵의 역사, 서울: 우물이 있는 집.

진중권(2005), 놀이와 예술 그리고 상상력, 서울: 휴머니스트.

Chapter 7

비즈니스모델

* 이 장은 곽영식(2013), 창업자를 위한 비즈니스모델 개발템플릿, 서울: 마인드탭에서 뽑았음

07

제6장에서 우리는 사업을 위해 '업종'에 기반한 신상품을 개발했다. 이제 이 신상품을 바탕으로 하고, '업태'와 '유통망'을 하나 선택한 후, 비즈니스모델을 마련해야 한다.

1. 비즈니스모델 구성요소 이해

비즈니스모델이란 어떻게 기업이 목표시장이 원하는 가치를 창조하고, 가치를 전달하고, 수익을 확보하는가에 대한 근거를 기술하는 것이다. 비즈니스모델의 시작은 목표시장이 상품을 획득했을 때 얻게 되는 '가치(value)'에서 시작되며, 기업이 상품 판매로부터 얻게 되는 '수익'으로 끝난다. '수익'이 발생해야만 '계속 기업'을 유지할 수 있기 때문이다. 비즈니스모델의 구성요소는 8가지이

그림 7-1 비즈니스 구성요소 간의 관계도

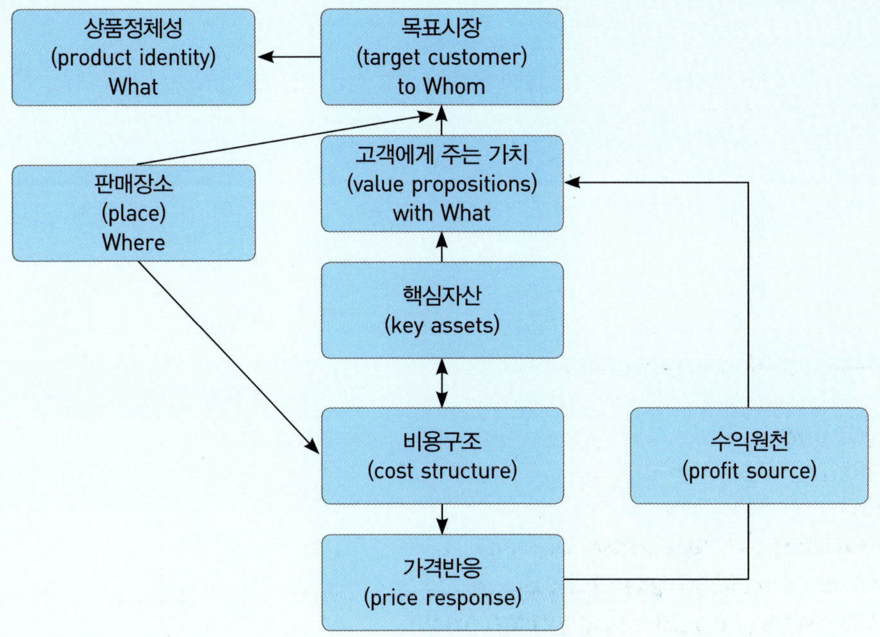

고 이 8가지 구성요소는 '상품(제품/서비스)정체성'이라는 한 마디로 이름 지을 수 있다. 성공적인 비즈니스모델은 이 8가지가 아주 서로 잘 화합하여 구성되어 있는 것을 말한다.

〈그림 7-1〉은 이 8가지 구성요소 간의 관계를 보여준다.

비즈니스모델은

① 목표 시장이 크고 뚜렷하며 접근가능하고,
② 기업이 목표 시장에게 제공하는 멋진 가치를 표현할 수 있어야 하며,
③ 이 가치가 목표시장에 제공되는 통로가 확보가능하고 명확하고,
④ 고객 관리 방법이 차별적이거나 경쟁 우위에 있어야 한다.
⑤ 이 때 이 창업자가 성공적인 비즈니스가 해야 할 핵심 과업이 뚜렷이 정해져 있고 성취가 가능해야 한다.
⑥ 이 과정에서 발생하는 모든 비용이 뚜렷하게 비즈니스를 하기 전에 계산 가능하여야 한다.
⑦ 목표 시장에게 제시되는 가격을 통해 수요가 창출되는 정도가 사전에 예측되어 있어야 한다.
⑧ 창업자는 위의 7단계를 모두 아우를 수 있는 '상품 정체성을' 한마디로 정의 내려서 투자자, 고객, 우리 회사의 직원에게 말할 수 있어야 한다.

이제 하나하나씩 비즈니스모델의 구성요소에 대해 점검해 보자

2. 비즈니스모델 구성요소 점검

(1) 상품정체성

비즈니스모델의 첫 번째 구성요소는 제품/서비스 정체성이다. 비즈니스를 시작하는 사업가는 반드시 우리가 고객에게 제시하는 상품(제품/서비스)을 한마

디로 전달할 수 있어야 한다. 반대로 고객이나 투자자는 우리의 PI를 듣자마자 창업자가 무슨 사업을 하는지 금방 알 수 있어야 한다.

아래는 성공적으로 비즈니스모델에서 상품정체성을 보여 준 사례이다.

- 양어장 전용 보일러 생산업체
- 카페인이 없는 커피
- 빙수 전문점
- 전기코드 없는 세탁기
- 물이 필요 없는 공기방울 세탁기

그다지 성공적이지 않은 사례도 있다.

- 카페를 겸한 샤브샤브 매장
- 거봉 순대
- 커피 집을 겸한 그릇 판매점

(2) 목표시장

목표시장이란 우리 제품이나 서비스에 돈을 지불하는 사람이나 조직을 말한다. 창업자는 우리 제품/서비스를 누가 구매하느냐를 쉽게 적을 수 있어야 한다. 이 목표시장은 아래의 조건을 만족해야 한다.

먼저 목표시장의 성격(who)이 명확해야 한다.

1) 구매자가 조직이라면

- 상품에 대한 정보를 수집하는 사람, 구매 의사결정을 내리는 사람, 결제를 해 주는 사람 등이 모두 다르다. 심지어는 상품을 사용하는 사람이 구매 의사결정을 내린 사람과 다를 수 있다.
- 구매자가 조직이라면 구매자가 개인일 때와 우리 회사의 판매조직도 달라지는 것은 물론 더불어 비즈니스모델 자체가 달라진다. 따라서 반드시 비즈니스모델의 첫 단추인 목표시장에서 다루어져야 할 것은 구매단위이다.

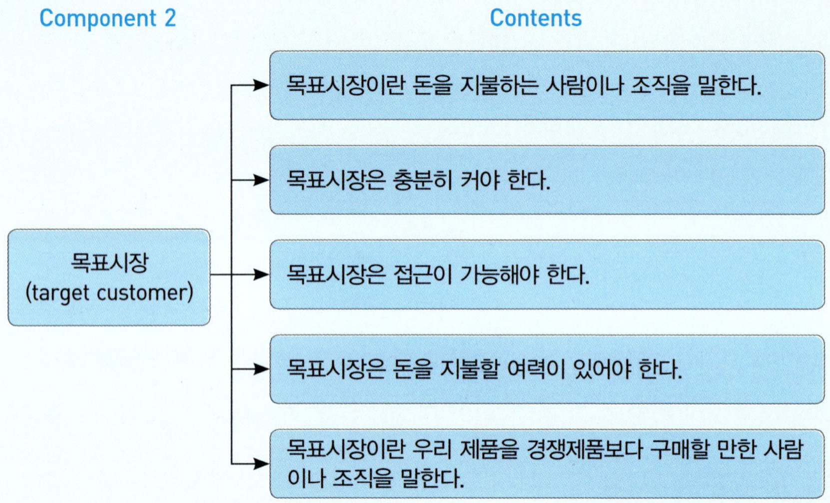

그림 7-2 목표시장에 관한 점검표

2) 구매자가 개인이라면

- 목표시장을 인구 통계학적 변수로 나누어서 시장을 세분화해야 한다.
- 시장을 세분화하면, 목표시장이 달라지고 그 목표시장이 원하는 비즈니스모델이 달라진다.

다음으로 언제 우리 상품을 구매하거나 소비하는가(when)를 파악해야 한다.

첫째, 우리 제품과 경쟁제품의 팔리는 시간대를 확인한다. 모닝커피는 '커피를 마시는 시간대가 아침'임을 강조하고 있다. '애프터눈 티(afternoon tea)'는 영국에서 오후 3시경에 스콘과 함께 차를 마시는 경우를 말한다.

둘째, 경쟁 제품이 팔리는 시간대를 피해서 구매가 이루어지는 시간대를 공략할 수 있는지를 확인한다. '베스킨라빈스'는 아이스크림은 여름에 팔린다는 것을 극복했다.

따라서 창업자나 경영자는 자신의 제품이 팔리는 시간대를 정리해야 한다. 새롭게 구매/소비 시간대를 정할 것인지, 기존에 팔리는 시간대를 축소 또는 확대할 것인지, 구매자에게 시간 압박을 할 것인지를 결정해야 한다.

우리 상품을 구매하는 주체가 어디에서 와서 우리 상품을 구매하는가? 어디에서 우리 상품을 구매하는가?(where)를 명확히 해야 한다. channel과 location을 구분해야 한다. channel이란 고객을 상품 구매의 필요성을 느끼고 난 후 어느 유통망을 통해 우리 상품과 만나게 되는지의 과정을 말한다. 예를 들어 온라인 매장, 오프라인 매장, C2C, B2B, B2C, 대리점, 직영점 등을 할 것인지를 경영자는 결정해야 한다. Location은 어디에 사는 고객이 또는 어디에 위치하는 고객이 주로 우리 상품을 구매하는지를 확인하는 것이다.

여기에서 Proximity라는 개념이 중요하다. 15분 이내에 우리 상품을 구매할 수 있는 사람의 수를 일컫는다. Catchment란 단순하게 3km 안에 거주하는 사람의 수이다. 이 두 가지 기준으로 많은 수의 사람들이 존재하는 것이 경영자의 사업에 유리하다.

마지막으로 목표시장이 갖고 있는 인지－태도－구매 단계의 조합이 중요하다. 제품을 만들기만 하면 팔리지 않는다. 목표시장이 제품을 알고, 호의적인 태도를 갖춘 후에, 구매 행동을 해야 판매가 이루어진다. 제품을 목표시장에 알리고, 호의적인 태도를 갖게 하고, 실제 돈을 지불하고 구매하기까지 얼마의 시간이 걸릴까? 인지－태도－구매 단계 이전에 해야 할 것은 시장의 크기를 측정하는 것이다.

그림 7-3 인지-태도-구매 단계 사례

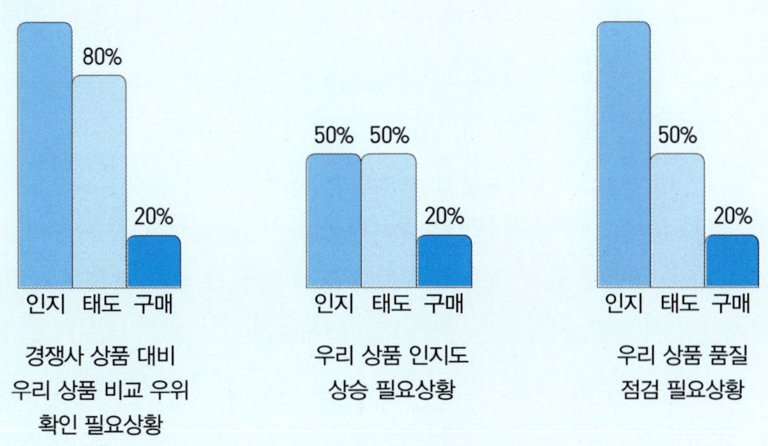

- 첫 번째 사례는 우리 상품을 인지하는 사람이 목표시장의 100%인데, 이 중 80%가 우리 제품에 대해 호의적인 태도를 갖고 있다. 하지만 목표시장의 20%만이 우리 제품을 구매하고 있다. 결국 우리 상품에 대해 호의적인 태도를 갖고 있는 집단이 우리 제품을 별로 구매하지 않고 있으므로, 우리 상품의 가격을 점검하던지 경쟁 상품에 대비하여 우리 상품의 가치를 점검할 필요가 있다.
- 두 번째 사례는 우리 상품을 알고 있는 사람이 모두 우리 상품에 대해 호의적인 태도를 보이고 있으므로, 구매량을 증가시키려면 인지도를 상승시켜야 한다.
- 세 번째 사례는 인지도는 100%인데 호의적인 태도를 가진 사람이 50%이므로, 우리 상품의 품질 등을 점검하고 경쟁사의 상품도 점검하여, 호의적인 태도로 바꿀 수 있는 기회를 마련해야 한다.

(3) 고객에게 주는 가치

고객에게 주는 가치(value propositions)란 고객이 돈을 내고 우리 상품을 사는 이유를 말한다. 위의 네 가지를 점검한 후, 고객이 우리 제품/서비스를 경쟁사의 그것보다 우선하여 구매할 수밖에 없는 value를 결정한다.

제일 먼저 제품의 가치 찾아내는 방법은 제품의 역사를 읽어보는 것이다. 아래는 껌 소구점 경쟁변화를 역사적으로 살펴본 것이다. 껌은 유해에서 무해로, 무해에서 예방으로 변화하였다. 그 다음은 무엇일까?

두 번째 방법은 제품 선택기준에서 찾아볼 수 있다. 고객이 과연 제품을 선택하는 이유는 무엇일까? 경쟁 상품이 우위에 있는 제품 선택 기준을 찾아보아야 한다. 우리 상품이 경쟁사의 것보다 우위에 있는 것을 찾거나 경쟁사가 갖고 있지 않은 우위에 있는 기준을 찾아보아야 한다. 상품의 경쟁우위 요소가 고객에게 반드시 필요한 요소인지 생각해 보아야 한다.

제품의 가치를 찾는 방법은 아무것도 없는 것에서 시작할 수 있다. 과거에는 없었던 것, 미래에 필요한 것, 몰랐던 것, 재미있는 것을 상상해 보아야 한다.

그림 7-4 껌의 역사를 가치변화로 추적한 사례

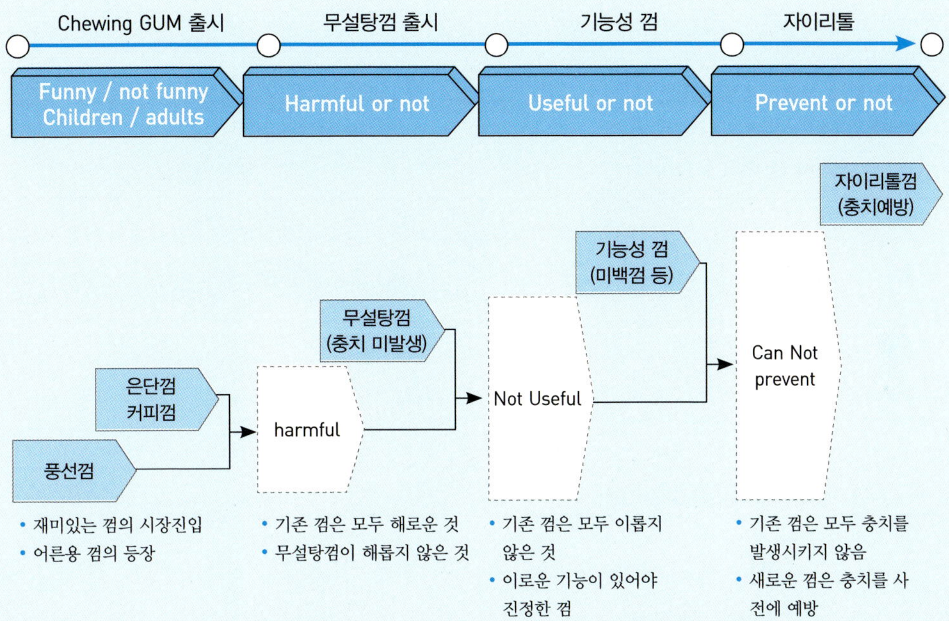

마지막으로 Anchor라는 개념을 살펴보자. 우리 제품의 핵심가치를 anchor value라 한다. 쇼핑몰의 많은 매장 중 손님을 끌어들이는 핵심매장을 anchor store라고 한다. 식당에서 가장 잘 팔리는 음식이 anchor food이다. 매장에서 팔리는 제품 중 가장 이익이 많거나 판매량이 많은 핵심적인 제품이 anchor product이다. 이런 anchor가 반드시 필요하다. 다른 경쟁사에서 발견할 수 없는 우리 제품/서비스만이 가진 핵심가치를 말한다.

가격은 언제나 핵심가치가 될 수 있다. 경영자가 판매하려는 제품/서비스가 이미 시장에 출시되어 있는 Commodity라면 경쟁사의 가격을 반드시 고려해야한다. 경쟁사의 가격에 대비하여 품질이나 우리의 제품 가격을 어떻게 해야 하는 지에 대해 창업자는 아래 5가지 중의 하나를 선택해야 한다.

그림 7-5 가격 대비 가치로 경쟁하는 5가지 방법

가격수준(높고 낮음)

목표시장에 적절한 가격수준인가?
제품품질 대비 적절한 가격수준인가?
다음 다섯 사례 중 어디에 속하나?

- More for More: 우수한 품질을 경쟁자보다 비싸게
- More for the Same: 우수한 품질을 같은 가격으로
- The Same for Less: 동일한 품질을 경쟁자보다 비싸게
- Less for Much Less: 약간 낮은 품질을 아주 싼 가격에
- More for Less: 우수한 품질을 경쟁자보다 싸게

(4) 판매 장소(place)

우리는 제4장에서 업태를 선정했으므로 소매업의 경우에는 이 업태를 비즈니스모델에 적용하면 된다. 하지만 아직 판매유통망을 결정하지 않았다면 경영자는 자신의 판매 장소를 비즈니스모델에 밝혀야 한다. 유통 경로를 명시하고, 왜 이 경로를 선택했는지 밝혀야 한다(channel). 이 경로에서 고객과 만나는 접점의 매장이나 상권을 정해야 한다(location).

고객과 우리 회사가 만나는 접점에 ① 사람을 배치할지, 기계를 배치할지 ② 1:1로 서비스를 해 줄지, 1:多로 서비스를 할지, ③ 고객 스스로가 self-service를 할지, 판매자가 서비스를 할지 등의 접점관리 방식을 결정해야 한다(service encounter).

1) 채널(channels)의 역사 살펴보기

채널의 역사를 살펴보면 어떻게 가치가 전달되어 왔는지를 알 수 있다. 창업자는 상품이 판매되는 채널에 대한 긴 안목을 갖고 있어야 한다. 아래 사례는 증권사를 통해 고객이 증권 매매를 할 수 있는 채널이 지난 30년간 어떻게 변하여 왔는지를 보여 준다.

그림 7-6 증권업 채널 역사 분석(사례)

2) 판매가 이루어지는 location

채널이 결정되면, 채널에서 어느 site에 우리 상품을 노출시킬지를 결정해야 한다. 온라인 채널에서도 B2C site를 만들지, C2C site에 입점을 할지, 독자적인 site를 개설할지 등의 의사결정이 필요하다. 만약 off line 상권에 진입한다면, 상권 분석이 필요하다. on-line site의 결정도 아래와 같은 평가 기준을 스스로 마련하고, AHP 등을 통해 최고 매력도를 가진 것을 선택하면 된다.

3) 고객접점(customer service encounter)관리

첫째, 고객관리 접점을 기계로 하느냐, 사람이 하느냐를 결정해야 한다. 일반인 고객에 대해 은행은 기계를 이용하게 하고, VIP 고객을 위해서는 직원과 얼굴을 맞대고 서비스를 하게 하는 것을 말한다.

둘째, 일대일로 서비스를 제공하는가 아니면 일대 다수의 형태로 서비스를

그림 7-7 고객접점관리 의사결정에 관한 분류

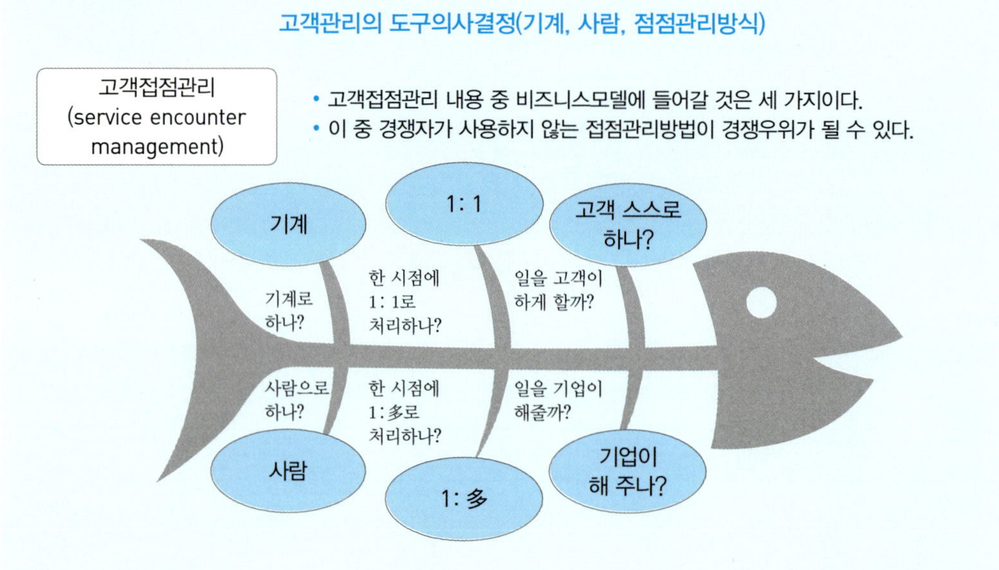

제공하는가의 의사결정을 해야 한다. 예를 들어, 개인 교습은 일대일로 서비스 공급자와 수요자가 만난다. 하지만, 학교 보통 교육에서는 선생님 한 분 앞에 여러 명의 학생이 있게 된다.

셋째, 고객 스스로 서비스에 참여하게 하느냐 아니면, 기업이 해 주느냐의 의사결정이 필요하다.

(5) 수익 원천

비즈니스모델에는 반드시 수익 원천을 명확히 하고, 수익 원천에서 나오는 수익이 정말 보이는지를 확인해야 한다. 이제 수익 원천을 알아보자.

① 경쟁사의 수익 원천을 적는다.

② 우리 회사의 수익 원천을 나열하고, 그것이 경쟁사의 수익 원천과 동일한지 여부를 확인한다.

그림 7-8 수익 원천의 분류

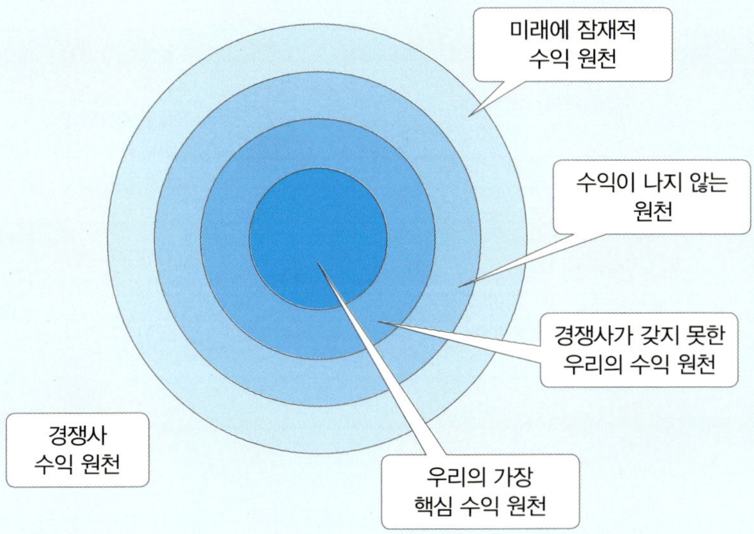

③ 경쟁사가 갖지 못한 우리만의 수익 원천을 적어 본다.

④ 수익이 나지 않는 수익 원천이 무엇인지 확실히 적는다.

⑤ 미래에 수익을 갖다 줄 만한 수익 원천을 상상하여 적는다.

⑥ 우리의 비즈니스모델의 수익 원천이 보이지 않거나, 미래에도 불확실하다면 절대로 사업을 해서는 안 된다.

(6) 비용구조

경영자는 비즈니스모델에 고정비와 변동비로 자신의 비즈니스 수행비용을 분류해 보아야 한다. 고정비 중 가장 비용이 많이 들어가는 것이 무엇인지 파악해 본다. 비즈니스의 핵심자원을 획득하기 위해 필요한 고정비가 얼마인지 확인한다. 핵심과업을 수행하기 위해 변동비가 어떤 수준이고 어떻게 시간이 흐름에 따라 변화하는지를 추적해 본다.

그림 7-9 비용의 구조로 본 사업의 성공 확률

비용의 종류(변동비와 고정비)

	고정비 낮다	고정비 높다
변동비 높다	• 판매마진이 작다. • 고정비 회수 기간이 다소 짧다. • 성공할 가능성이 판매수량에 따라 달라진다.	• 판매마진이 작다. • 고정비 회수 기간이 길다. • 성공할 가능성이 아주 작다.
변동비 낮다	• 판매마진이 높다. • 고정비 회수 기간이 짧다. • 성공할 가능성이 높다.	• 판매마진이 높다. • 고정비 회수 기간이 다소 길다. • 성공할 가능성이 고정비 회수기간에 달려 있다.

특히 비용의 분류 중 고정비와 변동비에 집중한 분석이 이루어져야 한다. 비즈니스는 고정비가 적고 변동비율이 낮은 사업을 해야 한다.

(7) 가격 반응

창업자의 비즈니스모델에는 고객에게 제시되는 판매가격이 명시되어야 한다. 가격이 변화할 때마다 몇 명의 고객이 구매할지가 예측되어 있어야 한다. 가격 변화 대비 판매량 변화를 추적하는 함수가 가격반응함수(price response function)이다. 이 가격반응함수를 알고 나서, 우리 제품의 비용을 감안하면 이익을 최대로 하는 가격을 찾을 수 있다.

가격은 마케팅 믹스 네 가지인 가격(price), 제품(product), 유통(place), 촉진(promotion) 중에 수익을 갖다 주는 유일한 요소이다.

가격은 크게 네 가지 의사결정으로 나눌 수 있다.

① 가격을 높게 받을까? 낮게 받을까? 제품 단위당 가격을 얼마로 해야 이익이 최대로 될까를 결정하는 것이 가격수준 의사결정이다.

② 제품 하나당 가격을 일정하게 할까? 아니면 구매수량에 따라 가격을 달리 받을까를 결정하는 것이 가격체계 의사결정이다.

③ Lush처럼 무게당으로 가격을 받을까? 스타벅스처럼 컵 용기의 크기에 따라 가격을 받을까? 영화관처럼 수요일에 오면 가격을 할인하는 지불시점에 따라 가격을 받을까를 결정하는 것이 가격지불단위 의사결정이다.

④ 돈 먼저 받고 상품을 내줄까? 아니면 상품을 주고 나서 나중에 돈을 받을까?를 결정하는 것이 가격지불시점 의사결정이다.

예를 들어 가격수준 의사결정은 가격의 수준을 얼마로 했을 때 이익이나 판매량이 극대화되는지를 점검한다는 것이다. 이를 점검하기 위해 가격반응함수(price response function)가 필요하다. 가격반응함수란 가격이 변할 때 판매량이나 시장점유율의 변화를 추적하는 것을 말한다. 아래의 그래프는 가격 반응 함수에 의해 산출된 가격대별 판매량 이익의 변화를 보여 준다. 이를 통해 아래의 그림과 같이 시장점유율을 최대로 하는 가격을 찾아내고 그 가격이 현재 가격 수준과 다르다는 것을 보여 준다.

수익 원천별로 우리 제품/서비스의 가격대별 판매량을 예측한 후, 비용을 차감하고, 가격대별 이익을 계산해 보아야 한다.

가격 지불 시점 의사결정은 기업의 이익을 변화시킨다. 가격을 서비스 제

그림 7-10 가격반응함수 도출과 이익을 최대로 하는 가격수준

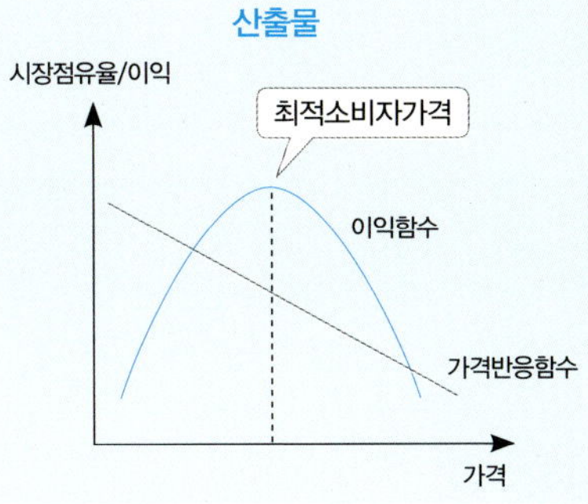

가격	예상 판매량	판매액	비용**	이익	이익지수	판매액지수	
200	0,2024	40,5	11,66	28,8	0,997	1,078	
205	0,1984	40,7	11,43	29,2	1,011	1,083	
210	0,1941	40,8	11,18	29,6	1,023	1,0851	MS최대 가격
215	0,1896	40,8	10,92	29,8	1,032	1,0849	
220	0,1848	40,6	10,64	30,0	1,038	1,082	
225	0,1797	40,4	10,35	30,1	1,040	1,076	이익최대 가격
230	0,1743	40,1	10,04	30,1	1,039	1,067	
235	0,1687	39,6	9,72	29,9	1,035	1,055	
240	0,1628	39,1	9,38	29,7	1,027	1,040	
245	0,1567	38,4	9,03	29,4	1,016	1,022	
250	0,1503	37,6	8,66	28,9	1,000	1,000	현 가격
255	0,1436	36,6	8,27	28,3	0,980	0,975	
260	0,1367	35,5	7,87	27,7	0,957	0,946	
265	0,1294	34,3	7,46	26,8	0,929	0,913	
270	0,1220	32,9	7,03	25,9	0,896	0,877	
275	0,1142	31,4	6,58	24,8	0,859	0,836	
280	0,1062	29,7	6,12	23,6	0,817	0,792	

품제공 이전에 판매자가 받을 것인가? 반대로 할 것인가에 따라 비즈니스모델이 완전히 달라진다. 또한 가격을 한꺼번에 받을지, 분할하여 받을지도 점검되어야 한다.

- 우리나라 아파트는 분양 후 건설이므로 선불제이다.
- 중국의 아파트는 완성된 후에 돈을 지불하므로 후불제이다.

(8) 핵심자원

아래 장표는 창업교육센터 설립을 준비 중인 어느 창업자의 핵심자원 checklist이다. 이 과정을 통해 반드시 확보해야 할 자원이 무엇인지 명확히 해보자. 창업자는 자신의 비즈니스 성공을 위해 가장 필요한 자원이 무엇인지 순위를 매겨 정리해야 한다.

그림 7-11 핵심자원 점검표 사례

어느 대학의 학부생을 대상으로 한 창업교육센터 핵심자원 checklist와 우선순위 가상적 사례

	Checklist	확보	순위
Physical assets 물적토대	창업교육 공간이 독자적으로 있는가?	창업농장(farming) 건물을 독립적으로 확보 (4층, ***평)	
	창업자가 입주할 공간을 확보하고 있는가?	창업농장 5층에 30개 창업자 실험실 공간 확보	
	창업자가 판매할 공간을 확보하고 있는가?	중국 이우 쑤티엔시장에 off-line매장 Taobao에 on-line B2C사이트 운영	2
Intellectual assets 지적자산	독자적인 창업교재가 개발되어 있는가?	창업자 비즈니스모델 개발, 신제품개발, 가격책정 교재 확보	
	독자적인 창업교육 매뉴얼이 있는가?	창업아카데미 매뉴얼 확보	3
	창업을 도울 기술 지적자산을 보유했는가?	없음	
Human resource 인적자원	창업을 해 본 강사가 있는가?	개인사업자 경험 4명 교수	1
	창업 전공자 강사는 많은가?	기술창업 전공 교수 확보, 창업학회 회장, 부회장, 창업지원 단장 보유	
	창업관련 법률지식을 가진 자가 있는가?	없음	
Financial assets 돈	창업자본이 기금화되어 있는가?	경남투자엔젤클럽 운영	4
	창업자본이 많이 확충되어 있는가?	3억	
	창업 fund raising이 원활한가?	아니요	

3. 학생들과 토론할 과제

아래 비즈니스모델 캔버스에 독자가 관심있는 사업아이템의 비즈니스모델을 작성해 보자.

Business Model Canvas

사업아아템의 상품정체성________ 작성자________ 작성일________

Ket Resources 핵심자산	Value 고객이 얻는 가치	Place 판매 장소 또는 채널 업태	Customer Segment 목표시장

Cost Structure 비용구조	Price Response 가격반응	Profit Streams 수익원천

참고문헌

Osterwalder, A. and Pigneur, Y. (2010), *Business Model Generation: A Handbook for Visionaries, Game Changers, and Challengers*, John Wiley and Sons.

곽영식(2013), 창업자를 위한 비즈니스모델 개발템플릿, 서울: 마인드탭.

Chapter 8

리더십 연구

08

리더십의 범위는 크게는 나라부터 기업, 팀에 이르기까지 다양하다. 리더에 따라 나라 기업 팀의 성과가 달라진다.

- 마케도니아의 알렉산드로스 대왕(기원전 356년생)은 부하들을 이끌고 그리스를 떠나 10여 년 동안 페르시아·이집트·인도 등을 침략하여 정복했다. 그가 살아있을 때 부하들은 왜 알렉산드로스 대왕을 따라 고향과 가족을 떠나갔을까?
- 중국춘추전국시대(기원전 8세기~3세기) 제자백가가 나타나 사회경제정치사상에 대한 다양한 의견을 쏟아냈다. 이 중 일부는 현실정치에도 참여했다.
- 기원전후 갈리아원정에 승리한 율리아스 카이사르는 로마에서 어떤 잘못된 리더십을 발휘했길래 암살당했을까? 그의 양아들 아우구스투스는 줄리어스에 비해 연약하고 무력도 없었는데 어떻게 로마의 황제가 되었을까?
- 피렌체의 메디치 가문은 어떻게 비즈니스를 운영했길래 르네상스를 주도하고, 집안에서 교황도 배출했을까? 그런 가문이 왜 망했을까?
- 2002년 월드컵에서 히딩크 감독이 이끄는 한국대표팀은 4강에 진입했다. 그다음 국가대표 감독들은 히딩크감독과 언론에게 비교의 대상이 되었다.
- 등소평이 1992년 개혁개방을 주장하며 남순강화(南巡講話)를 할 때 그의 지위는 중국공산당 평당원이었다. 그의 리더십은 지위에서 나오지 않았다.
- 에디슨이 세운 GE은 1896년 뉴욕 다우존스공업평균지수의 원년멤버였다. 2018년까지 생존한 유일한 멤버였다. 2018년 111년 만에 GE는 다우존스공업평균지수에서 제외되었다. 잭 웰치가 경영하던 1981~2001년에 세계에서 제일 존경받던 기업에 무슨 일이 벌어진 걸까?
- 방탄소년단의 리더는 나이가 제일 많은 멤버가 아니다. 트와이스의 리더는 나이가 제일 많은 나연이 아니고 지효이다. 코요테의 리더는 신지가 아니다.

1. 리더십의 정의

리더십(leadership)에 대한 정의는 리더의 수만큼이나 많다. 따라서 일반적인 정의를 내리기 쉽지 않다. 리더십(leadership)을 언어적으로 지도자(leader)인 이끄는 사람과 상태, 성질, 자격, 지위, 직위, 능력, 기능, 관계의 뜻을 가진 -ship이 합성된 말이다.

leadership(지도자상)

=

leader(지도자, 이끄는 사람)

+

-ship(상태, 성질, 자격, 자격, 지위, 직위, 능력, 기능, 관계)

먼저 지도자 또는 이끄는 사람을 leader라고 했으니 추종자 또는 따르는 사람이 존재하게 된다. 이를 follower라고 한다.

leaders – followers

위를 정리하여 리더십을 언어적으로 정의하면 리더가 추종자들을 이끄는 상태, 성질, 자격, 지위, 직위, 능력, 기능, 관계를 일컫는 말이다.

경영학은 기업을 대상으로 한 학문이므로 경영학에서 말하는 리더십이란 경영자가 기업의 목표를 달성하기 위해 직원 개인과 조직을 이끄는 상태, 자격, 지위, 능력, 기능 관계를 형성하는 사회상 영향 과정이다.

어떤 리더십을 발휘해야 조직과 직원을 잘 이끌어서 조직의 목표를 달성할 것인가에 대한 논의는 매우 오래전부터 있어 왔다. 그 종류 또한 다양하다. 이 다양성은 바로 리더십에는 정답이 없다는 것을 보여준다. 따라서 리더가 되기 위해서는 다양한 리더십 종류가 있음을 파악하고 그 안에서 자신과 조직의 상황에 가장 적합한 리더십을 리더인 경영자가 습득해 놓아야 한다.

2. 리더십의 종류

이 단락에서는 제자백가가 주장한 다양한 리더십과 서양경영학에서 다루는 리더십을 간단히 정리하여 제시하고 있다.

(1) 제가백가의 리더십[1]

중국 춘추전국시대라는 크고 작은 국가들이 혼재된 정치적 혼란기였다. 이 시대에 여러 사상가가 나타나 정치사상 측면에서 새로운 지배 원리를 제시하여 효과적인 자국민의 지배와 보존이 가능하다고 주장하였다. 특히 유가(儒家), 묵가(墨家), 법가(法家), 도가(道家)가 가장 대표적인 학파로서 이에 관계된 큰 업적을 이루었다.

1) 유가(儒家): 군자형 리더십

유가 사상의 대표적인 인물로는 공자(孔子), 맹자(孟子), 순자(荀子)가 있으며 핵심 덕목은 인(仁)이다. 공자의 사상을 담은 '논어', '맹자' 등이 대표적인 유가사상 책이다. 이 중 논어(論語)에서 리더의 역할을 찾아볼 수 있는 곳이 있는데 '군자오미(君子五美)'라고 할 수 있는 군자가 갖추어야 할 5가지 아름다운 덕을 말하고 있다.

첫째, 배려하되 지나치면 안 된다(惠而不費). 은혜를 베푼다고 상대방이 원하지 않는 것까지 억지로 배려하다 보면 오히려 반발만 사고, 배려 자체가 부담스러워진다. 상대방이 원하는 것을 정확히 찾아서 은혜를 베푸는 지혜야말로 군자가 갖추어야 할 첫 번째 미덕이다.

둘째, 일을 시킬 때 원망을 갖게 해서는 안 된다(勞而不怨). 지혜롭게 일을 잘 선택하여 지시한다면 그 임무에 대하여 불평할 사람이 없게 된다. 하지만 당장 필요하지도 않은 일을 아무런 고민 없이 즉흥적으로 시키다 보면 원망을 사

---

1) 이 부분은 박재희(2016), 고전의 대문, 서울: 김영사에서 뽑았음

게 될 것이다. 누구나 인정하는 일을 정확히 찾아내서 그 임무를 부과하는 것이 군자의 두 번째 미덕이다.

셋째, 욕망을 갖되 탐욕을 부려서는 안 된다(欲而不貪). 리더는 욕망과 탐욕을 구별할 줄 알아야 한다. 적당한 욕심은 사람을 긴장시키고 더욱 역동적으로 만든다. 하지만 그 욕심이 지나쳐 탐욕으로 변하면 리더가 직원들에게 해서는 안 될 일을 시킬 때가 발생하게 된다.

넷째, 자유롭되 교만하게 보여서는 안 된다(泰而不驕). 자유가 지나치면 교만으로 번질 수 있다. 지위가 높고 많이 가진 사람일수록 교만을 경계해야 한다. 자유와 교만함을 구별할 줄 아는 게 군자의 네 번째 미덕이다.

다섯째, 위엄을 갖추되 사나워 보여서는 안 된다(威而不猛). 위엄이 지나치면 사납게 보일 수 있다. 리더가 권위적으로 굴면 직원들이 리더 앞에서는 머리를 숙일지 몰라도 뒤에서는 그 리더를 욕한다. 적절한 위엄만이 상대방을 감동시킬 수 있다. 경외심은 사나운 모습에서 나오는 게 아니라 존경에서 나오는 두려움이다.

2) 묵가(墨家): 평등형 리더십

묵가(墨家)사상의 대표적인 인물은 묵자(墨子)로서 겸애(兼愛)는 묵자학설의 핵심이다. 묵가의 이러한 겸애사상은 유가의 愛人(사람을 사랑하라)과 같아 보이지만 유가가 주장한 '애(愛)'는 사람을 인정하고 사랑하되 '가려서 사랑해라'라는 차별적인 관계이지만, 묵가의 '애(愛)'는 평등하고 무차별적인 사랑을 강조하면서 상호간의 이익을 더욱 중시하였다.

묵가는 지배계층의 행동규범인 예(禮)와 악(樂)을 철저히 부정하고 생산에 참여하는 모든 만민의 공동적인 연대 겸상애(兼相愛)와 그를 통한 물질적 이익의 증진 교상리(交相利)속에서 사회의 문제를 해결하고자 하였다.

> 官無常貴, 民無終賤, 有能則擧之, 無能則下之
>
> (관리에게는 영원한 고귀함이 없고, 백성에게는 영원한 비천함이 없으니, 유능하면 등용하고 무능하면 물러나게 한다)

다시 말하면, 재능만 있으면 보통 사람도 얼마든지 관직에 오를 수 있고, 재능이 없으면 원래 지위가 높았던 사람도 강등시켜야 한다는 것이다. 이리하여 그는 한 걸음 더 나아가서 '천자(天子)도 현자(賢者)에게 맡겨야 한다고 주장하였는데, 이것을 바로 '상동(尙同)'이라 한다. 당시에 이러한 주장은 매우 적극적인 평등사상이었다.

묵자의 '겸애'설의 이론적 근거로서 천지(天志)와 명귀(明鬼)를 들 수 있다. 그는 국가는 대소를 막론하고, 사람은 노소와 귀천을 막론하고 모두 하늘에 귀속된 것이니 당연히 차별하지 않고 대해야 하며, 하늘의 뜻에 순응하면 하늘의 보상을 받을 수 있고, 하늘의 뜻에 역행하면 반드시 징벌을 받게 된다고 생각하였는데, 이것이 바로 천지(天志)라는 것이다. 명귀(明鬼)는 귀신을 믿어야 한다는 것인데, 귀신은 하늘이 선(善)에 상을 내리고 악(惡)을 벌하는 것을 도와줄 수 있다는 것이다.

3) 법가(法家): 전제형 리더십

법가(法家)의 대표적인 인물은 한비자(韓非子)로서 근본사상은 '법(法)'이다. 통치자가 통치력을 완전히 장악하는 방법은 엄격한 법의 집행뿐이라고 주장했다.

그 당시 진나라는 봉건제국 중에서도 경제적으로 가장 강대한 나라의 하나였을 뿐만 아니라 나아가서 그 자체의 봉건제도에 종지부를 찍었던 것이다. 진나라는 새로운 경제사회 사정에 더없이 훌륭하게 적응된 법가사상의 원리에 따라 통치되었다. 이 법가 사상의 원칙을 정치사상으로 수용하여 강한 법을 바탕으로 하는 부국강병을 나라의 목표로 삶았다. 그러므로 한비자의 학문이 장차 위대한 진나라 존재의 철학적 기조로써 역할하게 되므로 나라의 기틀을 이루는 법을 이루게 된다.

법가는 춘추전국시대에 귀족정치가 붕괴된 후, 현실정치의 추세는 귀족정치로부터 군주전제정치로 나아갔으며. 인치(人治)와 예치(禮治)로부터 법치(法治)로 나아갔다. 한비자에 따르면 '법(法)이란 관부에서 공포하여 지키면 상을 받고, 어기면 처벌받아 상과 벌이 분명하게 시행된다는 사실을 백성들이 마음으로 믿게 하는 것이며, 백성들이 반드시 따라야 할 법규 같은 것이다. 그리고 그는 각종 상벌 조건을 상세하면서도 구체적으로 규정해야 한다'고 주장했다.

한편, 한비자는 또 효율적인 통치술의 하나로 '권한의 위임'을 들었다. 군주 자신이 직접 백성을 다스리는 것보다는 각급 관리들을 통해 다스리는 것이 더 효율적이라는 것이다. 더나가 유능한 인재의 적극적인 등용을 주장한 그는 인재의 기준을 분명하게 정하고 추천하는 용인의 원칙을 제기했다. 재능이 있으며 군주에게 도움이 된다고 판단한다면, 그 출신이나 비천함을 따지지 말고 대담하게 추천하고 임용하여 법도를 밝히라고 주장했다. 심지어 원수의 자식이라도 대담하게 기용할 것을 권했다. 이러한 한비자의 통치술과 용인술은 현대의 리더십 관점에서 볼 때도 충분히 진보적이라 할 수 있으며 그 당시 봉건시대에 이러한 리더상을 제시하였다는 것은 긍정적인 평가를 받아야 할 부분이라고 박재희(2016)는 평가하고 있다.

4) 도가(道家): 포용형 리더십

도가(道家)의 대표적인 인물로는 노자(老子), 장자(莊子)로서 근본 사상은 무위자연(無爲自然)이다. 박재희(2013)는 노자의 리더십을 아주 짧지만 효과적으로 정리하여 발표한 바 있다.

> 노자는 조용한 리더십의 대가입니다. '리더는 말을 아껴야 한다. 말을 할수록 그 말에 발목이 잡힌다(多言數窮).' '리더는 물처럼 자신을 낮추고, 모든 공을 신하들에게 돌려야 한다. 내가 공을 누리려 하면 신하들이 떠나게 된다(功成身退).' '리더는 신하들을 다스릴 때 스스로 할 수 있는 무위(無爲)의 리더십을 펼쳐야 한다. 자꾸 직접적으로 간섭하고 강요하면 그들은 반발할 것이다. 스스로 할 수 있는 분위기를 만들어 주는 것이 리더의 역할이다(無爲而無不治).' 이런 도덕경의 메시지는 수천 년간 중국 황제들의 조용한 리더십으로 여겨져 왔습니다.
>
> 노자가 도덕경에서 말하는 조용한 리더십을 한 마디로 정의하면 무위(無爲)의 리더십입니다.
>
> 무위(無爲)는 '아무것도 하지 않는다'는 소극적인 의미가 아니라 '조직원들이 스스로 할 수 있도록 분위기를 만들라!'는 적극적인 의미의 표현입니다. 사실 일

안 하는 직원에게 일하라고 소리 지르는 것보다 그 직원이 자신의 역량과 열정을 발휘할 수 있는 조직의 분위기를 만들어 내는 것이 리더로서 하기 힘든 적극적인 행위라는 것입니다.

노자의 무위의 리더십을 가장 잘 표현해 주는 개념이 도덕경 60장에 나오는 약팽소선(若烹小鮮)입니다. 원문은 이렇습니다. 治大國에 若烹小鮮이라. 해석하면 '큰 나라를 다스리는 지도자는 작은 생선 굽는 것처럼 조직을 이끌어 나가야 한다.' 조그만 생선을 구워보신 분이라면 노자의 이 메시지는 금방 이해가 되실 겁니다. 조그만 생선을 구울 때 가장 최악의 방법이 불을 세게 높이고 빨리 안 익는다고 이리저리 뒤집는 것입니다.

조그만 생선은 스스로 익을 수 있는 분위기를 만들어 주었을 때 가장 완벽하게 익습니다. 일 못하는 직원을 들볶고 무능하다고 욕하기보다는 그들이 열정을 발휘할 수 있는 직장의 분위기를 만들어 주는 것, 공부 못하는 아이를 들볶기보다는 그 아이가 공부할 수 있는 집안의 분위기를 만들어 주는 것. 이것이 노자의 무위(無爲)철학의 핵심입니다.

이 조직은 내 인생을 걸어볼 가치가 있다. 학벌과 상관없이 누구나 노력하면 회사는 반드시 보상해 준다. 이런 문화가 있는 회사라면 손자병법의 말처럼 '병사들은 공격하지 말라고 해도 공격할 것이오, 싸우지 말라고 해도 목숨을 걸고 적을 향해 뛰어가는' 최상의 직원들이 될 것입니다.

유능한 리더는 직원들의 업무를 시시콜콜 간섭하거나 그들의 무능을 탓하는 사람이 아니다. 모든 직원들이 최선의 능력을 발휘할 수 있는 기업의 문화와 스템을 만드는 것이다. 소리 지르며 윽박지르기보다는 그들의 열정을 끌어낼 수 있는 분위기를 만들어라! 조직을 이끄는 지도자는 조그만 생선을 굽듯이 이끌어 나가야 한다는 약팽소선의 원칙. 비록 생선 굽는 이야기로 조직원들의 피로감을 덜라고 이야기했지만 오늘날 조직의 관리자가 과연 무엇을 해야 하는지를 절실히 보여주는 지도철학입니다.

(2) 현대의 리더십 유형

시대, 범위(Scope), 규모(Scale)에 따라 요구되는 리더십은 변하기 마련이다. 현대의 리더십이론은 무척 많으므로 헤이컨설팅그룹(2014)의 지도자 유형을 중심으로 설명한다.

표 8-1 리더십 유형분류 사례

분 류	리더십 유형
권한양식	전제형 ,민주형 , 참가형 , 자유방임형
지도자 유형[2]	지시명령형 ,비전형, 관계중시형, 집단운영, 규범형, 육성형
앤드류 브라운[3]	영웅, 배우, 명성가, 권력의 중개인, 대사, 자발적 희생자

1) 지시명령형

지시명령형 리더는 부하에게 일방적인 명령을 내리고 복종을 요구한다. 명확하고 강력하게 지시하지만, 그 지시의 목적이나 실현 방법에 대해서는 충분히 설명하지 않는다.

장점 빠르게 일처리를 해야 할 때 유용하게 쓰인다. 긴급한 상황에 신속한 지시와 명령이 필요한 경우에 지시명령형 리더십이 큰 효과를 발휘한다. 조직의 긴장이 풀려 있어서, 긴장 분위기를 조성해야 하는 경우 혹은 고객의 불만에 신속히 대응해야 하는 경우에 유용하다.

단점 부하직원에게 자주성을 부여하지 못하므로 부하직원은 상사의 명령만을 기다릴 뿐 스스로는 아무것도 하지 못하는 지시대기형 직원이 만들어지기 쉽다. 언제나 상사로부터 지시받은 대로만 하는 데 익숙해지기 때문이다.

2) 비전형

비전형 리더십은 부하가 따라가고 싶게 만드는 리더십이다. 리더는 스스로의 생각을 먼저 말하고 부하에게 동기를 부여하면서 조직을 인솔한다. 명확하고 단정적인 판단을 내린다는 점에서 지시명령형 리더십과 비슷하지만 부하에게 조직이 나아갈 방향과 지향해야 할 비전을 확실히 제시한다는 점에서 차이가

2) 헤이컨설팅그룹(2014), 조직의 승패를 결정하는 6가지 리더십 유형.

3) 블레인 리(1999), 지도력의 원칙, 서울: 김영사.

있다. 비전형 리더는 조직의 비전과 방향성을 고려하고 이를 명확히 하는 것이 자신의 가장 큰 책임이라고 생각한다. 그래서 쓸데없이 지위나 권력을 내세우는 경우가 드물고, 목표달성을 위한 방법 등에 있어서도 결코 독단적인 태도를 취하지 않는다. 그래서 부하직원이 좋은 의견을 제시하면 솔직하게 귀를 기울이고 부하직원을 대하는 데 있어 공정함과 유연성을 갖기 우해 노력한다. 부하직원이나 조직에 돌아가는 이익을 최우선시하며, 이를 위해 해야 할 일이나 방침을 구성원들에게 알기 쉽게 전달한다.

장점 미래의 비전을 제시하여 조직 구성원들에게 열정적으로 일할 동기를 부여한다. 설정된 하나의 목표만을 향해 조직이 움직이기 때문에 조직 구성원은 효율적으로 일할 수 있다.

단점 리더에 대한 부하 직원의 존경과 신뢰가 반드시 있어야만 효과를 볼 수 있다. 리더보다도 경험이 풍부하고 지식이나 전문능력이 높은 부하직원이 있는 경우, 효과적이지 못하다. 리더로서의 권위를 잃거나, 리더를 부하직원들이 신뢰하지 않을 때도 마찬가지로 비전형 리더십은 효과를 보기 어렵다.

3) 관계중시형

관계중시형 리더십은 인간관계나 조직의 화합을 최우선으로 여기는 리더십이다. 부하직원과 우호적인 관계를 맺고 그 결속감을 활용해 조직성과를 창출하는 유형이다. 리더는 부하직원 위에 군림하거나 비전을 제시해서 인솔하기보다 친화적이고 따뜻한 인간관계를 통해 부하직원을 움직인다. 부하와의 충돌은 가능하면 피하고 칭찬을 자주한다. 부하직원을 야단치거나 처벌하는 일은 결코 하지 않고 동료의식과 협동성을 강하게 요구한다.

장점 새로운 직원을 조직에 동화시키고 업무에 적응시키는 데 효과적이다. 비전형 리더십과 함께 발휘하면 더욱 효과적이다. 비전을 제시하고 관계중시형 리더십으로 조직의 화합을 이끌어 간다면 조직의 효율은 증가될 수 있다.

단점 관계중시형 리더가 이끄는 조직은 '사이 좋은' 클럽으로 빠져버릴 위험이 있다. 구성원 간에 모두 친밀하기 때문에 조직 전체는 평화롭지만 긴장감이 없고 조직성과가 높지 않을 가능성이 크다.

4) 집단운영형

집단운영형 리더는 업무방식이나 사내 규칙을 정하는 의사결정 과정에 부하를 참여시키고 그들의 동의를 얻는다. 부하의 의견을 구하고 생각을 듣고 아이디어를 모으면서 업무를 진행한다. 관계중시형 리더와는 달리, 자신과 전혀 다른 의견에도 귀를 기울인다. 집단운영형 리더에게 부하 개개인은 회사의 주역이고, 이들 사이에서 의견을 정리하는 역할을 한다.

장점 가장 민주적인 리더십으로 모든 부하직원의 의사에 귀를 기울일 수 있다.

단점 조직을 이끌면서 최종결정을 내리는 능력이 부족하다. 이 때문에 아무리 부하직원들과 회의를 거듭해도 의견일치를 이끌어내지 못할 가능성도 있다. 의사결정과 업무수행 속도가 떨어질 수 있고, 긴급한 업무를 수행할 수 없을 때가 많다.

5) 규범형 리더십

규범형 리더는 자신에게도 타인에게도 엄격하다. 부하직원에게 철저한 자기관리와 높은 업적수준을 요구하며 자신이 그 규범을 보이기 위해서 노력한다. 스스로가 성공적인 모델이 되어 솔선수범하며 조직을 이끌어 간다. 어떤 일도 더욱 빠르게 잘 처리하기 위해 노력하며 주위 사람에게도 자신과 같은 정도의 업무능력을 요구한다. 부하직원의 업적이 오르지 않으면 바로 지적하고 개선을 요구하며, 자신의 기대에 부응하지 못한 경우, 부하직원을 지도하는 것을 금방 포기하기도 한다.

장점 조직 규모가 작아 구성원이 조직 전략과 이에 필요한 기술을 잘 알 수 있을 때 효과를 발휘하는 리더십이다. 조직 구성원이 우수하고 특별히 상사의 관리가 필요하지 않을 때, 부하직원이 의욕적이어서 상사의 동기부여를 필요로 하지 않을 경우에 효과적이다.

단점 조직이 크고 복잡해서 상사 혼자서 업무를 처리하기 힘든 경우나, 부하에게 많은 것을 지시하고 가르쳐야 할 때는 큰 효과를 거둘 수 없다.

6) 육성형 리더십

육성형 리더는 유능한 고문역할이나 교육자와 같은 행동을 한다. 부하직원이 자신의 장점이나 단점을 내보이도록 도와주고, 필요한 것을 조언한다. 부하를 육성하는 데 필요한 지도와 피드백을 게을리 하지 않는다. 리더는 현재 당장의 업적보다는 미래의 성장을 중시한다. 부하직원과 대화하는 것을 즐기며 자신이 부하와 동등한 위치에 서는 것을 거부하지 않는다. 육성형 리더십은 조직에서 매우 중요한 리더십이지만 가장 부족한 리더십이기도 하다.

장점 부하가 스스로 발전하고자 하는 의지가 있을 때 매우 효과적이다.

단점 리더의 지도 기술이 부족하여 자신이 지도할 부하와 가르쳐야 하는 내용에 대해 제대로 파악하지 못할 경우에는 효과를 볼 수 없다. 단기적인 성과를 요구하는 일을 할 때도 육성형 리더십은 효과적이지 않는다.

3. 각종 리더십의 공통점(commonality)과 학생들과 토론할 과제

앞서 살펴본 바와 같이 국가·기업·팀을 어떻게 이끌어가야 하는지에 대한 많은 주장들이 존재한다. 따라서 경영자는 자신의 기업에 맞는 리더십을 선택하여 실행하는 것이 필요하다. 여기서는 지금까지 논의된 동서양의 리더십에서 공통적으로 노출되는 두 가지 리더십을 요약함으로써 독자들의 리더십 선택을 돕고자 한다.

(1) X이론 Y이론

아래는 맥그리거의 X·Y이론을 단순화하여 보여주고 있다. 독자는 리더십을 선택해 보자. 리더는 직원을 수동적·능동적 인간 중 하나로 선택하고, 이에 따라 리더십을 결정해야 한다.

X이론: 인간은 본래 일하기를 싫어하고 지시받은 일밖에 실행하지 않는다. 경영자는 금전적 보상을 유인으로 사용하고 엄격한 감독, 상세한 명령으로 통제를 강화해야 한다.

Y이론: 인간에게 노동은 놀이와 마찬가지로 자연스러운 것이며, 인간은 노동을 통해 자기의 능력을 발휘하고 자아를 실현하고자 한다. 경영자는 자율적이고 창의적으로 일할 수 있는 여건을 제공해야 한다.

(위키피디아, 2018)

현재 독자가 경영하는 기업의 종업원은 X이론 또는 Y이론 중 어느 이론으로 리더십을 실행해야 하나?

그렇게 생각한 이유를 적으시오.

(2) justification or consideration

justification이란 법가에서 주장하듯이 FM대로 모든 일처리를 하는 것이다. 목표를 세우고 업무분장을 실행하고, 실행하면서 규칙을 정하고, 그 실행결과에 따라 상과 벌을 주는 방법이 justification이다. 그래야 사심없이 공정성 있게 일을 추진하고 부하직원에게 정확한 목표 – 통제가 가능하다는 것이 justification 관점의 리더십이다.

consideration이란 일의 과정 속에서 상황을 배려하고 조정해 가면서 융통성 있게 일을 처리해야 한다는 관점이다.

현재 독자가 경영하는 기업의 지휘를 Justification으로 해야 하나, consideration으로 리더십을 실행해야 하나? 둘 중의 하나를 선택하시오.

그렇게 생각한 이유를 적으시오.

4. 요약

- 리더십이 조직성과를 좌우한다.
- 리더십에 대한 이론이 아주 많다.
- 리더십에는 정답이 없다.
- 경영자는 각종 리더십을 탐구하여 자신과 조직에 맞는 리더십을 선택하여 학습하고 일관성있게 실행해야 한다.

참고문헌

Howard Gardner(1995), *Leading Minds*, NY: BasicBooks.
김학주(2002), 묵자, 그 생애. 사상과 묵가, 명문당.
나채훈(2003), 위대한 CEO 제자백가의 경영정신, 지오북스.
박재희(2016, 2017), 고전의 대문, 서울: 김영사.
박재희, 뉴스데일리, 노자의 생선구이 리더십, 2013.7.25.
블레인 리(1999), 지도력의 원칙, 서울: 김영사.
신응섭(1999), 리더의 이론과 실제, 지학사.
신채식(1994), 동양사개론, 삼영사.
안드레아스 드로스데크(2004), 철학자 경영을 말하다, 을유문화사.
앤드류 브라운. 이기문 옮김(2001), 리더십의 6가지 유형, 현대미디어.
오원석·조병두(2009), 논어의 지도자와 리더십연구, 한국사상문화학회, 50. 671-700.
워렌 베니스(2006), 리더와 리더십, 황금부엉이.
장명기(2015), 리더십 오디세이, 나남.
칼리피오리나(2000), 칼리피오리나 힘든 선택들, 해냄출판사.

Chapter 9

인적자원관리 및 조직론

Part 1

인적자원관리

GE의 전설적인 경영자인 젝 웰치의 회고록을 보면, 회고록의 많은 부분이 회사의 사업기회에 걸맞는 사람을 선발하고, 그 사람을 어디에 배치했으며, 조직을 어떻게 만들고 유지했는가를 말하고 있음을 알 수 있다. '人事는 萬事'라는 말과 같이 사람을 중요시하는 부분이다.

경영이란 조직 내 인적·물적·재무적 자원을 효율적이며 효과적으로 다루는 것이라고 설명한 바 있다. 이 장에서는 이 중 인적자원의 효율적이며 효과적 관리에 대한 일련의 이슈를 다룬다. 즉, 직무분석에서 선발, 배치, 교육훈련, 임금, 복리후생, 보상 퇴직까지의 이슈를 다룬다.

인적자원관리의 기본은 '직무에 걸맞는 적합한 사람(right person)을 적합한 조직위치(장소, right place)에 위치시켜 직무를 부여하는 것을 말한다. 이를 위해 직무분석을 먼저 실시하고, 이 직무에 적합한 사람을 선발 배치하고 동기부여하여 최상의 성과를 내도록 유도하고 관리하여 방출하는 일련의 과정이 인적자원(human resource)관리 또는 인사관리이다.

그림 9-1 인사관리의 내용

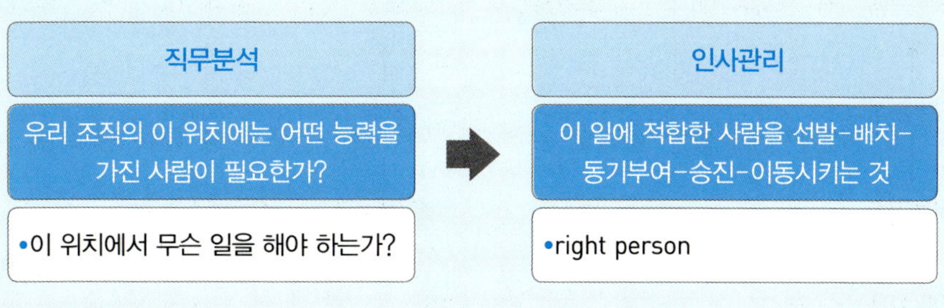

1. 인적자원관리의 개념과 기능

(1) 인적자원관리의 개념

인적자원관리(human resource management)란 적절한 직장 환경 속에서 구성원들이 지닌 각자의 능력과 잠재력을 최대한으로 활용할 수 있도록 하여, 기업의 목적 달성에 최대한 기여할 수 있도록 하는 동시에, 종업원들이 직무에 만족을 느낄 수 있도록 지원하고 지도하는 기능이나 활동을 말한다.

어떤 조직의 품질이란 그 조직이 채용하여 보유하고 있는 종업원들의 품질을 합한 것이라고 볼 수 있다. 따라서 능력 있는 사람들을 채용하고 교육시키며, 확보·유지하는 일이 조직의 성공 열쇠라고 할 수 있다. 어떤 조직이든지 생산성과 그에 따른 수익을 얻기 위해서는 종업원을 가장 중요한 자산으로 대우할 필요가 있다. 왜냐하면 종업원들이 적절한 보상과 존엄을 받을 때 그에 대한 대가를 조직에 되돌려주는 경향이 있기 때문이다.

(2) 인적자원관리 의사결정의 분류

경영학의 인적자원관리에서 다루어지는 주제는 〈그림 9-2〉와 같다.

그림 9-2 인적자원관리 의사결정의 분류

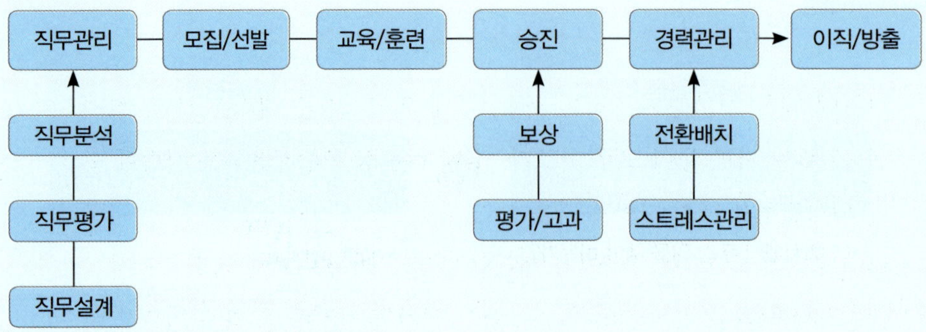

이 장에서는 위의 각 의사결정의 간단한 정의와 함께 실제경영자들이 경영 상황에서 마주하는 의사결정사항을 제시하고, 독자들과 함께 고민하고자 한다.

2. 직무관리

직원을 선발하기 전에 반드시 해야 하는 일이 직무관리이다. 직무관리는 우리 회사에 필요한 직무가 무엇인지를 확인하는 직무분석, 현재 인력이 그 직무를 어떻게 이행하고 있는지 인력과 직무가 잘못 연결되어 있는지(mismatch), 미래에 어떤 인적자원이 필요한지 등을 검토하는 직무평가, 마지막으로 직무를 설계하게 된다.

그림 9-3 직무분석의 분류와 산출물

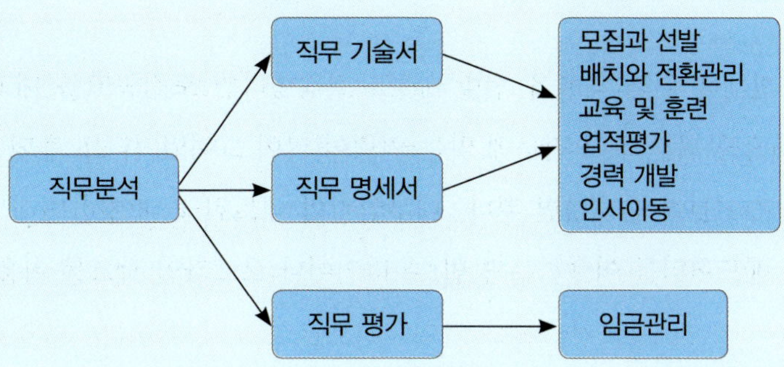

1) 직무 기술서 (job description)

직무 기술서는 직무의 목적과 직무에 포함된 주요 과업과 업무 그리고 책임과 조직관계 등 직무 내용을 요약하고 표준성과(standard performance)도 제시하여 구성원으로부터 기대되는 업무 수행을 명시하는 공식 문서로서, 구성원의 입사교육(orientation)과 기타 교육훈련(OJT 등), 업적평가 등의 기본 자료로 사용되며, 조직 구조 분석과 설계 그리고 경영관리자의 승계 및 대체에도 활용된다.

2) 직무 명세서(job specification)

직무를 만족하게 수행하는 데 필요한 지식과 기술 그리고 기타 능력 및 자질을 명세한 공식 문서로서 주로 모집과 선발에 사용된다.

3) 직무 평가(job evaluation)

직무의 가치를 평가하여 공정한 임금을 결정하는 직무 평가도 직무 분석 자료가 사용되는 중요 분야이다. 직무의 가치를 측정하는 중요 요소는 지식, 경험, 노력(정신적, 육체적), 책임, 직무 조건 등을 포함한다.

3. 모집/선발

(1) 모집

직무를 위해 직원을 선발하기로 결정했다면 모집공고를 내고 선발해야 한다. 모집공고는 우리 직무에 맞는 인력이 많이 모여있거나 노출되는 곳(온라인 또는 오프라인)에 공고하면 된다. 내부인력의 네트워크 내에서 미래 직원을 찾거나 외부 헤드헌터를 이용하는 방법, 온라인이나 오프라인 광고를 이용하면 된다.

공고나 헤드헌터 등을 이용하여 공채 등의 이름으로 미래 직원을 모집하는 것을 '공식적 모집'이라 한다. 지인이나 내부직원의 네트워크에 의해 추천을 받아 특채 등의 이름으로 인력을 모집하는 것을 '비공식적 모집'이라 한다.
독자는 위의 두 모집방법 중에 어느 모집방법이 회사의 성과에 더 좋은 영향을 주는 방법이라 생각하는가? 둘 중의 하나를 선택하여 적어라. 그렇게 생각한 이유를 적어라.

미국의 다수의 연구를 보면 '비공식적 모집방법'을 통해 회사에 입사한 사람이 '공식적 모집 방법'에 의해 회사에 입사한 사람보다 조직몰입도 및 업무고과가 높았다. 왜 이런 현상이 있었을까 적어보자.

(2) 선발

항상 선발이 문제이다. 그렇다면, 어떤 사람을 선발해야 할까? 당연히 우리 직무에 맞는 사람을 선발하면 된다.

- over-spec: 음악녹음 스튜디어에서 안내하는 역을 찾는데 외국석사가 지원했을 경우
- under-spec: 국제선 스튜어디스가 외국어를 못 알아듣는 경우
- organization-person fit: 그 직무에 딱 맞는 직원을 선발하는 경우

1) 선발방법

서류전형-필기시험-면접을 통해 직원을 선발하는 게 좋을까? 서류전형만 하고 이들을 일주일 동안 모아놓고 과제를 부여하고 그 과제를 해결하는 능력을 관찰한 뒤 선발하는 게 좋을까? 둘 중의 하나는 선택하고 그 이유를 적어보자.

2) 선발기준

학력이 좋은데 다른 사람과 어울려서 문제해결을 하지 않고 혼자 해결하려는 사람을 선발할까? 학력은 낮은데 다른 사람과 잘 어울리는 사람을 뽑을까? 둘 중의 하나는 선택하고 그 이유를 적어라.

선발을 위한 팀과제를 하는 데 주도적으로 과제를 이끄는 사람을 선발할까? 팀원으로 업무를 충실히 하는 사람을 선발할까? 둘 중의 하나는 선택하고 그 이유를 적어라.

맨체스터 유나이티드의 전 감독 퍼거슨 감독은 공격력이 탁월하고 팬들이 시원하다고 칭찬하는 '테베즈'를 방출하고 2005년부터 2012년 동안 공격력이 상대적으로 떨어지는 박지성과 계약했다. 어느 기자와 인터뷰에서 퍼거슨 감독은 이렇게 말했다. 박지성이 뛰면 '옆에 있는 다섯 선수가 편하다'. 이동국에 대한 기사를 인터넷에서 찾아서 퍼거슨이 왜 박지성과 오랜 동안 계약했는지를 평가하라.

우리 직업은 ______________________________한 상황에 있다. 만약 동일한 경력과 나이를 가진 여성과 남성이 있다. 당신은 누구를 선발할 것인가? 그 이유는? 성별, 나이, 출신지역이 선발기준이 되어야 하나? 되지 말아야 하나? 그 이유는?

4. 교육/훈련

시장이 급변하므로 직원이 가진 능력이 시장의 요구를 만족시킬 수 없을 때가 있다. 이 때 기업은 내부직원을 교육시키고 훈련시킨다.

시장이 원하는 기술 등은 직원 개인이 스스로 능동적으로 파악하고 습득해 놓는 것이 필요하지 기업이 돈과 시간을 들여서 교육 훈련시키는 것은 낭비이다. 그러므로 이 직원을 해고하고 기술을 가진 새로운 직원을 선발하는 게 효율적 효과적이라고 생각하는가? 이 생각에 동의하지 않는가? 그 이유를 적어보자.

5. 승진(인사고과 및 보상)

인사관리에서 보상이란 직원의 성과에 걸맞는 금전적 비금전적 혜택을 부여하는 것을 말한다. 보상이 공정해야 직원들 간에 갈등이 없어진다. 공정한 보상을 위해서는 공정한 인사고과가 있어야 한다.

보상의 종류가 다양하므로 이를 정확히 정의하고 넘어가자.

① 임금(Wage): 주로 시간당 또는 일당 기본 지급률을 말하며, 일반적으로 생산직에 많이 적용된다.

② 봉급(Salary): 주로 주당 또는 월당 지급률을 말하며, 일반적으로 사무직과 관리직에 많이 적용된다.

③ 상여금(Incentive): 보너스, 커미션, 이윤배분(profit sharing) 등 원칙적으로는 성과에 따라 지급되는 것을 말한다. 법률상 상여금은 기업이 직원에게 안 주어도 된다.

④ 복리후생(Welfare Benefits): 부가급부(fringe benefits)라고도 부르며, 구성원의 생활안정과 생활의 질을 높이기 위하여 임금이나 상여금의 형태를 지니지 않고 구성원에게 직접 또는 간접적으로 부여되는 혜택을 말한다. 법률상에서 복리후생은 기업이 직원에게 안 주어도 된다.

⑤ 경제적 보상(Compensation): 개인이 조직체를 위하여 일한 데 대하여 지불되는 금전적 대가로서 임금(또는 봉급)과 상여금 그리고 복리후생을 모두 포함한 포괄적인 개념이다.

2019년 초 삼성전자 어느 사업부의 과장은 연봉 이외에 성과급으로 1억원을 수령했다. 다른 사업부 과장은 5천만원을 받았다. 사업부에 배치한 것은 회사이지 직원의 선택이 아니었다. 이것은 공정한가?

SK의 반도체 회사는 2019년초에 2018년 기업성과에 맞추어 1,700%의 성과급을 준다는 기사가 보도되었다. 기업성과는 2018년 반도체 가격이 좋아서 생긴 것이므로 1,700%의 성과급을 주면 안 된다는 의견을 어느 경영자가 냈다고 가정하자, 만약 이번에 1,700%의 성과급을 준다면 미래에 기업이 적자가 나면 월급을 깎아야 한다는 의견을 이 경영자가 제시했다고 가정하자. 이 경영자의 의견에 동의하는가, 그렇지 않은가?

승진도 보상이다. 어느 사기업의 owner의 자녀가 대학교 졸업하자마자 과장으로 입사했다면 적절한 보상인가? 아닌가? 독자의 의견을 적으시오.

6. 경력관리(전환배치)

인적자원의 배치(配置: placement)는 신규 채용된 종업원을 각 직무에 처음 배속시키는 제도를 의미한다. 즉 배치는 채용에 의하여 확보된 종업원을 대상으로 그의 능력을 활용하기 위해 조직의 직위에 처음 배속시키는 제도이다. 신규 채용된 종업원은 큰 꿈을 안고 조직에 들어온다. 이때 자기가 맡은 일이 적성에 맞지 않으면 적응하지 못하고 곧 이직이 발생할 수도 있으므로 그의 희망을 반영하여 배속하여야 할 것이다.

인적자원의 전환(轉換: transfer)은 일단 배치된 종업원을 어떤 사정으로 인하여 현재의 직무에서 다른 직무로 바꾸어 재배치시키는 제도를 의미한다. 기업이 엄격한 선발과정을 거쳐 신규 종업원을 채용하여 특정 직무에 배치하였다 할지라도, 일정한 기간이 지나면 그들의 성격, 지식, 능력 및 업적에 변화가 일어나므로 일정기간마다 이를 평가하여 전화시킬 필요가 있다. 전환은 직무이동, 직무순환, 순환보직 등으로 부르기도 한다.

전문성을 살리기 위해 한 팀에서만 계속 근무해야 하는가? 회사의 여러 업무를 파악하고 전체 진행과정을 이해시키기 위해 전환배치를 해야 하나? 둘 중의 하나를 선택하고 그 이유를 적으시오.

7. 휴직/이직/방출

조직을 안 좋은 감정과 태도로 떠나는 경우, 기업에게는 미래에 부정적인 영향을 미친다. 따라서 개인이 조직에서 farewell하게 떠나보내는 시스템을 경영자가 인식하고 있어야 한다. 아래는 휴직과 이직의 개념을 요약하였다.

① 휴직(layoff): 휴직은 일시적 또는 무기간의 고용 단절을 뜻하며, 따라서 일시 해고라고도 불린다. 휴직은 조직체의 상황 여하에 따라서 재고용을 전제로 하고 있다는 점에서 해고와는 의미에 차이가 있다.

② 이직(separation): 고용관계의 영구적인 단절을 의미하며, 사직과 퇴직 그리고 해고의 여러 형태를 포함한다. 사직은 조직 구성원 자신의 자발적인 의사에 따라 고용관계를 단절하는 것을 뜻하고, 퇴직은 정년에 따라 직장을 떠나는 것을 의미하며, 해고는 징계조치로서 조직체가 구성원과의 고용 관계를 단절하는 것을 뜻한다.

기업이 회사경영상 중대한 사유가 있을 때는 직원을 해고할 수 있다는 것은 상법에 명시되어 있는 사항이다. 어느 기업이 합병하면서 직원들이 고용승계를 요구하며 공장굴뚝에 1년이 넘게 농성하였다. 당신이 경영자라면 어떻게 대응해야 하나?

8. 요약

기업은 임원과 직원이 운영한다. 조직의 성과를 판가름하기 때문에 인사를 잘하는 것이 기업의 생존에 영향을 미친다. 모집 – 경력관리 – 방출에 이르는 각 단계의 실질적인 경영의사결정사례를 중심으로 이 장이 구성되어 있다. 경영자가 되어 고생하는 것 중에 하나는 내부직원의 선발, 조직, 관리 등의 인사 노무 조직관리문제라는 것을 일반 경영자들은 지적한다. 내 마음처럼 움직여 주는 직원은 없을 수 있다.

Part 2

조직관리

기업이 원하는 목표를 달성하기 위해 조직을 만들고 그 조직 내부에 한 사람 한 사람을 선발하여 배치하고 동기부여하고 일을 부과하는 것을 인사관리(인적자원관리)라 한다. 이렇게 모인 한 사람 한 사람을 어떻게 묶어주어야만, 조직이 원하는 목표를 가장 효과적이고 효율적으로 달성할 수 있을까를 고민하는 것이 조직론이다.

조직론에서 다루는 이슈는 두 가지이다. 어떤 형태의 조직을 만들어야 가장 효과적 효율적 성과를 낼 것인가 하는 형태(structure)와 그 조직형태의 크기를 얼마로 해야 가장 효과적 효율적 성과를 낼 것이가를 고민하는 scale과 scope가 그것이다. 그런데 이런 질문에는 정답이 없다. 각 경영자가 다양한 조직형태와 규모를 고민하고 이를 자신의 기업에 맞추어 조직하면 된다. 따라서 이 책에서는 몇 가지 조직의 형태만을 제시하고 간단히 마무리하고자 한다.

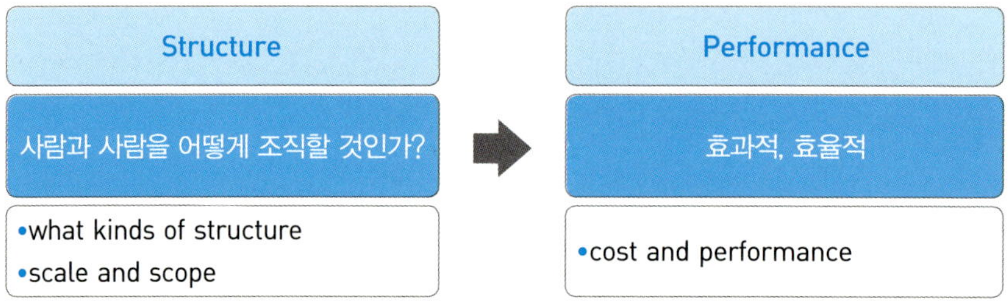

1. 조직의 필요성

경영학의 대상은 생산 경제 단위 주체인 기업으로, 오늘날 기업의 규모가 확대되고 그에 따라 경영 기능이 복잡해지고 있다. 따라서 복잡하고 다양한 기능을 보다 효과적으로 수행하기 위해서는 이들 기능을 조직적으로 수행하여야 한다. 조직적으로 수행한다는 것은 조직 구성원들이 자신의 업무 책임 한계를 명백히 알고 일정한 책임과 권한에 따라 업무를 수행함으로써 개인별 책임 경영이 철저히 이루어질 수 있도록 함은 물론, 이들 개개 업무를 조직 전체의 차원에서 적절히 조정함으로써 경영의 총체적 성과를 극대화시키도록 하는 것을 말한다.

조직이란

① 조직은 성취하고자 하는 일정한 공통 목표를 가지며,

② 공통 목표 달성을 위하여 인적·물적 자원의 제반 요소를 포괄하는데, 이들 여러 요소들은 상호작용을 통해서 하나의 구조적 과정을 형성한다.

③ 구조적 과정의 형성을 위해서 조직은 경영의 여러 직능을 분화하고 이에 권한을 배분하며,

④ 분화된 경영 직능과 권한을 조직 구성원 개개인에게 할당함으로써 목적 달성에 기여토록 한다.

⑤ 경영 목적의 달성에 구성원들이 보다 잘 공헌할 수 있도록 활동을 조정함으로써, 조직 내에서 유효한 직무관계·사회관계가 유지되도록 하여야 한다.

2. 조직의 유형과 역할

이 장에서는 몇 개의 조직개념을 제시하고 이의 장단점과 활용방안을 정리하여 보여준다.

(1) 라인 조직(line organization)과 참모조직(staff organization)

라인조직이란 조직의 최고경영층의 명령과 권한이 최하위 계층에 이르는 모든 직위가 단일 명령권한의 라인으로 연결된 조직 형태를 말한다. 실제 업무를 수행하고 책임을 지는 조직을 말한다.

참모조직이란 실제 기업핵심업무가 아니면서 경영자의 의사결정을 돕는 조직을 말한다.

참모조직이 비대하면 실제 일하는 라인조직의 동기부여가 작아지게 됨을 경영자는 인식하고 있어야 한다.

(2) 사업부제 조직(division organization)

사업부제 조직이란 조직을 제품별, 시장별, 지역별로 나눠서 책임경영 단위 중심으로 구성하고, 조직의 수평적인 분화에 의해 독자적인 제품이나 시장을 가지고 사업부 단위별로 제조나 판매 등의 경영 활동이 통일적으로 이루어지는 자율적인 조직 형태를 말한다.

사업부제 조직은 기능별 조직에 비해 사업 단위별로 권한과 책임을 부여함으로써 비교적 시장의 요구에 빠르게 적응할 수 있을 뿐만 아니라 사업이 실패할 경우에도 책임의 소재 여부가 분명하다.

(3) 프로젝트 조직(project organization)

미 공군의 항공기 항공 시스템, 미 해군의 핵잠수함, NASA의 우주항공 계획 등에서 특정 과제나 목표를 달성하기 위하여 임시적으로 편성된 조직으로서 흔히 테스크포스(task force)라고도 일컬어진다. 이 조직은 프로젝트별로 분화되어 조직화되었으며 여러 기능을 시스템화한 것이고 특정한 임무가 완료되면 해산하여 각 구성원은 본래의 소속 부문으로 귀속되는 것을 원칙으로 하고 있으나, 부분적으로는 당해 프로젝트에 직접 참여하기도 한다.

(4) 매트릭스 조직(matrix organization)

매트릭스 조직이란 기능별 조직의 장점을 살리고 단점을 최소화하기 위한 목적으로 프로젝트 조직과 기능식 조직을 결합시킨 형태의 조직이다. 가령 패션회사에서 구두와 의상을 판매 제조하고 있을 때, 구매부는 의류사업부를 위해서 원단을 구매해주고, 구두사업부를 위해 소나 양가죽을 구매해 주는 역할을 동시에 수행하는 것을 말한다.

3. 조직의 원칙

Adam Smith가 그의 저서 〈국부론〉(1776)을 통하여 조직의 기본 원칙을 제시한 이후, 그 원칙은 오늘날에도 조직학의 주요 이론으로 사용되고 있다. 그가 주장하였던 조직의 기본 원칙을 살펴보면

첫째: 업무를 가능한 한 세분화하여 단순화시킨다. (분업의 원칙)

둘째: 작업자들은 단순화된 업무에 관하여 전문화 또는 숙달시키면 많은 종류의 다양한 업무를 수행하는 경우보다 작업자의 작업 능률이 더 높아지며 그 결과 기업은 높은 생산성을 이룰 수 있다는 것이다. (전문화의 원칙)

4. 조직관련 이슈

종업원 한 사람 한 사람을 다루는 인사관리와 달리 조직은 2명 이상으로 되어 있으므로 사회적 관계를 형성한다. 따라서 더 많은 복잡한 의사결정과 문제를 야기시킨다. 따라서 경영자는 조직관리에 많은 시간과 정성을 투자해야만 조직성과를 획득할 수 있다.

1) 계급이 많은 조직이 좋을까? 적은 조직이 좋을까?(조직 계급의 숫자문제)

조직 내 직위 및 계급이 많으면 일을 수행하는데 의사결정의 속도가 느리기 쉽다. 직급이 적은 편편한 조직일수록 쉽게 의사결정하고 실행할 수 있다. 편편한 조직 내에서 성과가 좋으면 그 사람을 승진시켜야 된다. 어디로 승진시켜야 하나?

2) 조직을 몇 명으로 구성해야 최적이지?

- 나라마다 최적의 규모라고 생각하는 조직의 크기가 다르다(중국 필리핀의 패스트푸드점은 우리나라보다 직원 수가 많아 보인다).
- 시대마다 최적의 규모라고 생각하는 조직의 크기가 다르다(로마시대 중대규모와 현대전의 미국 중대규모가 다르다).
- 산업마다 최적의 규모라고 생각하는 조직의 크기가 다르다.
- 기업마다 최적의 규모라고 생각하는 조직의 크기가 다르다.
- 경제활황 정도 때마다 최적의 규모라고 생각하는 조직의 크기가 다르다.
- 시대마다 최적의 규모라고 생각하는 조직의 크기가 다르다.

3) 비교적 동질한 구성원으로 조직을 구성할까? 이질적으로 구성할까?

4) 조직을 무슨 기준으로 나누어 조직할까?

5) 조직은 얼마에 한 번씩 바꾸어 주어야 하나?

- 2000년대 중반 어느 한국의 증권사 사장은 6개월에 한 번씩 조직을 바꾸

었다. 그 때마다 회사의 거의 모든 직원은 명함을 다시 제작했다. 사장은 이렇게 조직을 자주 바꾸어야 직원들이 긴장감 있게 일을 한다고 했다.

독자들이 토론할 주제

한국의 중앙정부와 미국의 중앙정부의 장관급 인원 수를 인터넷에서 찾아 적어라. 한국와 미국의 GDP를 적어라. GDP 대비 장관수를 적어라. 장관이 많은 것이 좋은 것인가? 장관이 적은 것이 좋은 것인가? 자신의 생각을 적어라.

미국 메이저리그 야구 구단 중 가장 많은 연봉을 지불하는 구단이 우승했던 사례를 인터넷에서 찾아 적어보자.

2018년 스페인 1부 프로축구구단 중 가장 많은 연봉을 지불하는 구단은 어느 구단인가? 그 구단이 우승했는가?

2019년 1월 아시안컵 축구대회에서 카타르선수의 대부분은 1개 프로팀에서 손발을 맞춘 선수들이었다. 일본팀은 11명 주전 중 10명이 모두 다른 유럽팀에서 뛰는 선수들이었다. 당신이 일본팀 축구국가대표감독이라면 다음 대회 때 특정 팀에서 많이 대표선수를 선발해야 하나?

모두 하버드대 졸업생으로 조직을 꾸밀까? 각기 다른 대학 출신을 조직에 선발할까?

Chapter 10

마케팅관리

10

1. 마케팅의 정의

마케팅(marketing)이라는 단어는 시장(market)이라는 말에 진행형(ing)을 뜻하는 말이 덧붙어서 만들어졌다. 시장에서 무엇인가가 이루어지는 행태를 말한다.

마케팅(marketing) = market(시장) + ing(진행)

그래서 마케팅을 정의내리기 위해서는 '시장' 참여자에 대한 분석과 무엇이 '진행'되는지에 대한 행태분석을 해야 한다.

먼저, 시장참여자를 확인해 보자. 시장은 판매자(seller)와 구매자(buyer)로 구성되어 있다. 판매자만 있고 구매자가 없으면 매출이 일어나지 않아서 기업은 이익을 내지 못해 생존할 수 없다. 또한 구매자만 있고 판매자가 없으면 구매자는 자신이 원하는 상품을 구매할 수 없는 상황에 놓이게 된다. 경영의 주체인 기업은 주로 판매자의 역할을 하고, 개인이나 조직이 구매자 역할을 하게 된다.

> 구매자가 개인이고 ① 왜 개인이 상품을 구매하는지와 ② 구매과정을 이해하고 ③ 구매에 영향을 미치는 요인을 찾는 학문영역이 소비자행동(consumer behavior)이다. 반면에 구매자가 조직이라면 조직의 구매행동은 개인과 달리 이해되어야 한다. 이를 조직구매행동이라 한다.

시장참여자는 무엇으로 연결되는가? 시장에서 판매자와 구매자를 연결시키는 매개물은 상품(commodity)이다. 자급자족을 위해 생산된 물품은 시장에서 판매되지 않으므로 판매를 전제로 생산된 제품(product)이나 서비스(service)가 시장에서 거래되게 된다. 이렇게 판매를 전제로 생산된 제품이나 서비스를 상품이라 한다.

이제 무엇을 시장참여자가 ing(진행)하는가? 판매자의 생존을 위한 최소한의 행위는 판매이다. 판매자가 생존하기 위해서는 자신이 만든 상품이 판매되어야 한다. 판매(selling)와 구매(buying)는 거래(transaction)를 말한다. 이런 의미에서 거래는 교환이다. 상품을 판매자가 구매자에게 주고 구매자는 판매자에게 돈을 지불한다. 이런 교환(exchange)이 지속적으로 ing(진행)되게 하는 것이 마케팅(marketing)이다.

그렇다면 1번의 거래 아닌 시장에서 판매자와 구매자가 계속 지속적으로 진행(ing)이 되기 위한 조건은 무엇인가?

첫째, 구매자가 지불하는 돈에 비해 특정 제품에서 얻어지는 구매자의 효용이 높아야 한다. 이 구매자의 효용을 가치(value)라 한다. 돈보다 상품가치가 높아야 교환은 계속된다. 이를 통해 고객은 만족하게 된다.

둘째, 구매자의 가치는 거래가 지속될수록 한계효용의 법칙에 의해 하락한다. 따라서 판매자는 자신이 판매하는 상품의 가치를 계속적으로 유지 향상시키는 노력을 해야 한다. 이를 판매자의 가치창조행동이라 한다.

결국 마케팅은 판매자가 구매자를 만족시키기 위한 지속적인 가치창조과정이다.

2. 마케팅관리 대상

그림 10-1 마케팅관리의 분류

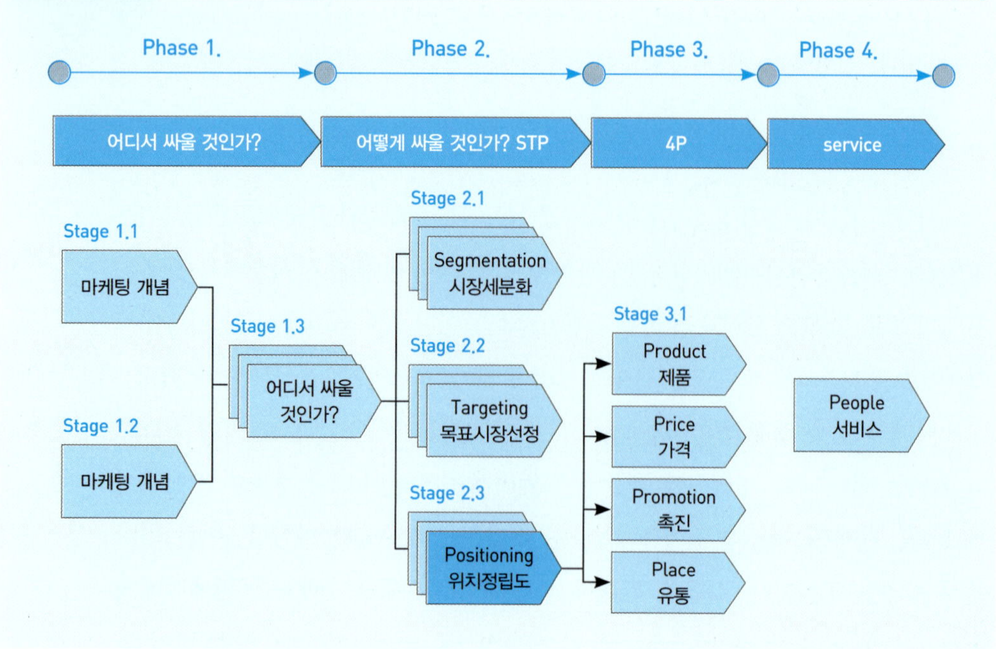

마케팅관리란 판매자가 구매자를 만족시키기 위해 가치창조를 하는 과정을 관리하는 것이다. 이 관리의 대상을 STP와 5P로 분류한다.

3. 시장세분화 (segmentation)

우리는 비즈니스모델을 배우면서 목표시장을 명확히 하는 것을 배웠다. 목표시장이 정확하지 않으면 매출이 일어나지 않는다.

2019년 초 '골목식당'이라는 프로그램에서 서울 회기동 경희대 대학상권에 입점한 '고기집'의 가격을 진단하면서 백종원 씨는 이 매장은 대학상권에 와 있어도 학생에게는 비싼 고기집이어서 인근 개인가구나 직장인, 교수님들이 학생 데리고 오는 매장이라고 지적하였다. 이는 대학생이라는 목표시장이 아닌 엉뚱한 고객을 목표시장으로 한 매장으로 현재 인식되고 있음을 지적하고 있다.

그래서 마케팅관리의 첫 단계는 목표시장을 몇 개의 세분시장으로 나누는 작업을 하는 것이다. 이를 시장세분화라 한다.

고객(customers)은 우리 상품을 구매할 가능성이 있는 모든 사람을 말한다.
구매자(buyers)는 실제 우리 상품을 구매하는 사람을 말한다.
소비자(consumers)는 실제 우리 상품을 소비하는 사람을 말한다.
구매자와 소비자는 다를 수 있다.

시장세분화는 구매자를 대상으로 하는 것이다.

4. 목표시장선정(targeting)

모든 전체시장을 만족시킬 수 없으므로 세분화된 시장 중 특정 시장을 만족시키는 의사결정이 필요하다. 이렇게 세분화된 시장 중 시장이 크고 경쟁사 수가 적고우리 회사가 가장 잘 공략할 수 있는 세분시장을 선정하는 작업을 하는데 이를 목표시장선정(targeting)이라 한다.

5. 포지셔닝(위치정립, positioning)

목표시장에 들어가면 경쟁사가 존재한다. 이 때 고객(customer)의 머리에 경쟁사의 상품에 대비하여 우리 상품을 어떻게 차별적으로 인식시킬 것인가 하는 작업을 하게 되는데 이를 포지셔닝(위치정립)이라 한다.

> 마케팅관리의 핵심은 포지셔닝을 경쟁사 대비 차별적으로 하고, 이를 고객에게 확실하게 알리고, 이를 유지하는 것이다.

- 대학상권에 컵밥집이 3개가 있다. 우리 컵밥집은 다른 컵밥집과 다른 메뉴를 갖고 있어야 한다.
- 저자의 입맛에 통영 '원조할매김밥'집은 2003년 대비 2019년에도 충무김밥의 양과 질이 동일하게 느껴진다.

포지셔닝과 관련된 '광고'회사의 개념은 USP(unique selling proposition)이다. 우리 회사제품만의 독특한 판매포인트를 말한다. 고객은 이 점 때문에 우리 상품을 구매하게 된다. 결국 포지셔닝의 핵심은 경쟁사와 얼마나 다르게 고객에게 인식시킬 것인가 하는 것이다.

별만큼 많은 음악

이 조그마한 지구에 이렇게 무수히 많은 음악들이 존재하고 있다는 것에 머리가 수그러진다. 음악은 저 하늘에 빛나는 수많은 별들처럼 헤아리기가 불가능하다.

더구나 우리 눈에 보이는 별보다 감춰진 별들이 더 많다.

언제가 여러분들도 나도 그중의 일부만을 듣고 이 지구를 떠나게 되는 것이다.

(성시완의 글 중에서)

남무성(2014). Paint it rock. 서울: 북폴리오

수많은 별 중에 내 별. '여자친구'를 지구인에게 보여주기

2015년에 '유리구슬'로 데뷔해서 '오늘부터 우리는'.

2019년 '해야'까지…

정규앨범 2개, 비정규앨범 10개, OST 4개에 참여하면서

꾸준히 상위권 걸그룹을 유지하고 있는 '여자친구'

2015년부터 2019년까지 얼마나 많은 보이그룹과 걸그룹이 한국 땅에 태어났을까?

그 많은 별과 견주어지면서 어떻게 계속 이 그룹은 지구인 눈에 '반짝이는 별'로 남아있을까?

저 많은 별들과 차별화된 어떤 positioning으로 '여자친구'는 진화하고 있나?

저자는 positioning을 경쟁자와 견주어 우리가 갖고 있는 고객 머릿속의 위치라고 정의한 바 있다. 걸그룹 '여자친구'는 2015년 1월 데뷔 때 '고등학교 체육복'을 입고 등장하여 '유리구슬'로, 2015년 7월 '오늘부터 우리는', 2016년 1월 '시간을 달려서'로 연이은 히트곡을 양산하며 갑작스런 혜성처럼 우리 앞에 등장했다.

걸그룹 '여자친구'의 데뷔 시절 사진(저작권: 쏘스뮤직)

2019년 걸그룹 '여자친구'(저작권: 쏘스뮤직)

1. 독자들은 2015년 1월부터 2016년 1월 사이에 '여자친구'의 데뷔 때 경쟁하던 아이돌 5개 그룹을 찾아서 나열해 보자.

2. 그 '여자친구'를 포함한 6개 경쟁 아이돌그룹의 이미지나 특징을 4개씩 나열해 보자.

   (예) 걸그룹 '여자친구'(건강한 10대 후반 여고생의 목소리를 대변하는, 빠르고 어려운 춤, 빗 속에서도 춤을 출 정도로 열심인, 넘어진 모습이 안타까운)

- 걸그룹 '여자친구'
  (__________, __________, __________, __________)
- _____그룹 '________'
  (__________, __________, __________, __________)
- _____그룹 '________'
  (__________, __________, __________, __________)

- ______그룹 '__________'
  (____________, ____________, ____________, ____________)
- ______그룹 '__________'
  (____________, ____________, ____________, ____________)
- ______그룹 '__________'
  (____________, ____________, ____________, ____________)

이제 시간이 경과하였다. 2019년 1월에 '여자친구'는 'Time for Us'앨범 자켓처럼 '보티첼리'의 'La Primavera(프리마베리: 봄)'의 여신 옷을 입고 성숙한 모습으로 '해야'를 갖고 우리에게 나타났다.

1. 독자들은 2019년 1월에 '여자친구'와 경쟁하는 아이돌을 5개 찾아서 나열해 보자.

2. 그 '여자친구'를 포함한 6개 경쟁 아이돌그룹의 이미지나 특징을 4개씩 나열해 보자.

- 걸그룹 '여자친구'
  (____________, ____________, ____________, ____________)
- ______그룹 '__________'
  (____________, ____________, ____________, ____________)
- ______그룹 '__________'
  (____________, ____________, ____________, ____________)
- ______그룹 '__________'
  (____________, ____________, ____________, ____________)
- ______그룹 '__________'
  (____________, ____________, ____________, ____________)
- ______그룹 '__________'
  (____________, ____________, ____________, ____________)

1) 2016년 1월에 비해 2019년 1월에 얼마나 많은 경쟁그룹의 변화가 있었는지를 눈으로 확인하자. 경쟁그룹은 어떻게 바뀌어 있었는지는 토론해 보자.

2) 3년 사이에 '여자친구'의 포지셔닝에 변화가 있었는지를 토론해 보자.

3) '여자친구'의 기획사인 '쏘스뮤직'과 '여자친구' 멤버는 포지셔닝을 유지한 것일까? 변화한 것일까? 변화해야 할까? 아니면 고수해야 할까? 토론해 보자

6. 제품(product)

마케팅관리 중 '제품'관련 최대 이슈는 '포지셔닝에 걸맞은(fit) 제품을 개발하는 것이다. 즉, 경영자가 사전에 결정한 포지셔닝에 꼭 맞는 제품(경쟁사와 차별적일 수도 있고, 일부러 동일할 수도 있다)을 개발하는 것이다.

모든 마케팅의 기본은 '좋은 제품을 만드는 것'이다.
좋은 제품없이 좋은 마케팅은 없고 기업은 생존하지 못한다.
(예: 2019년 '골목식당'을 보면 백종원 씨는 끊임없이 목표시장에 맞는 가격대의 좋은 제품을 매장주인에게 요구한다.)

마케팅관리에서 다루는 제품관련 이슈는 아래와 같다.

- 신제품개발의 중요성과 개발과정
- 제품수명주기에 따른 제품관리
- 제품의 구성
- 제품의 분류

7. 가격(price)

마케팅관리에서 '가격'은 포지셔닝에 걸맞은 가격을 책정하는 것을 말한다. 가격 관련하여 마케터가 해야 할 의사결정은 아래와 같이 정리할 수 있다.

그림 10-2 가격의사결정의 분류

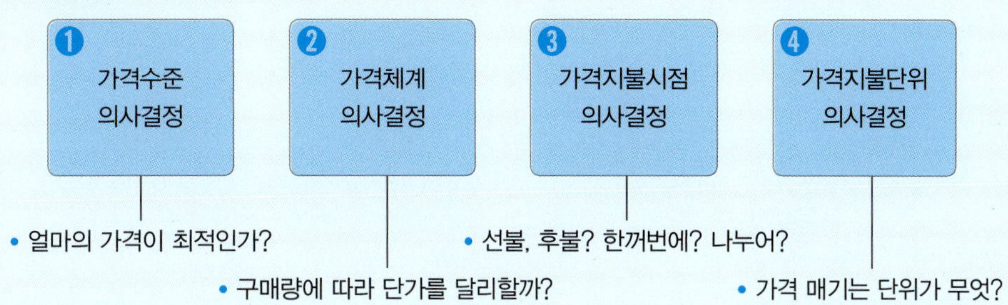

(1) 가격수준의사결정

가격을 높게 잡을까 낮게 잡을까? 이 의사결정은 포지셔닝과 관련되어 있다. 그리고 가격은 경영자의 감에 의한 것이 아니고 구매자 시각에서 아래와 같은 가격반응을 파악한 후 설정해야 할 문제이다.

그림 10-3 가격반응함수에 의한 판매량과 판매액, 이익 최대 가격수준결정

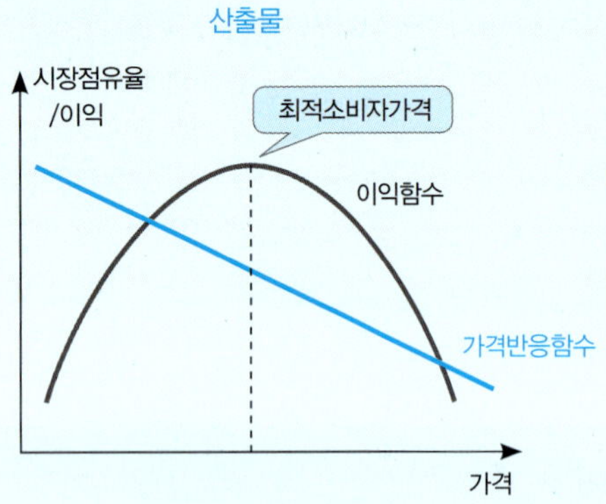

가격(원)	예상판매량	판매액	비용	이익	
2,500	17.1	42,754	22,232	20,522	
3,000	20.2	60,731	26,317	34,414	
3,500	22.1	77,485	28,780	48,705	
4,000	22.8	91,390	29,702	61,688	← 판매량 최대가격
4,500	22.6	101,511	29,326	72,186	
5,000	21.5	107,540	27,960	79,579	
5,500	19.9	109,645	25,916	83,729	← 매출액 최대가격
6,000	18.1	108,311	23,467	84,844	← 이익 최대가격
6,500	16.0	104,189	20,838	83,351	
7,000	14.0	97,983	18,197	79,786	
7,500	12.0	90,367	15,664	74,704	
8,000	10.2	81,941	13,315	68,626	
8,500	8.6	73,200	11,195	62,005	

(2) 가격체계의사결정

고객이 한꺼번에 구매하는 양이 많아지면 단위당 가격을 낮출까? 높일까? 동일하게 할까?

그림 10-4 선형가격체계와 비선형가격체계의 매출액 차이

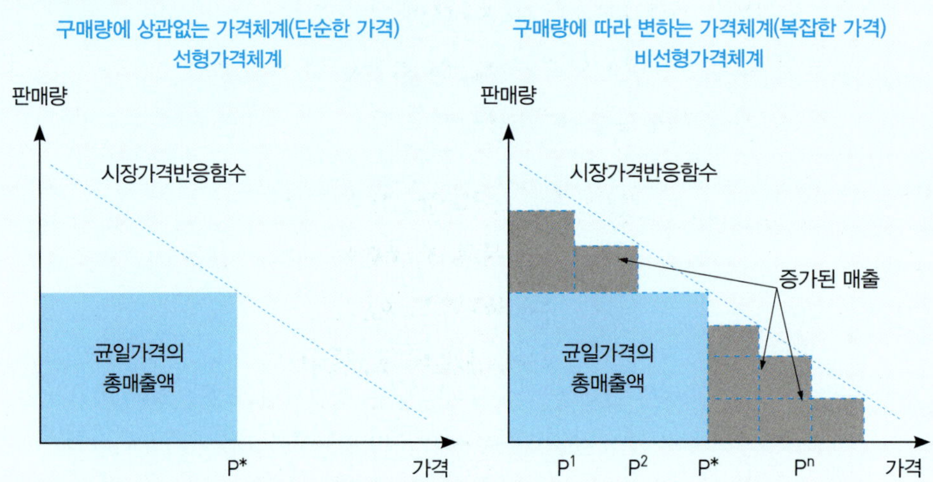

그림 10-5 비선형가격체계의 최대이익

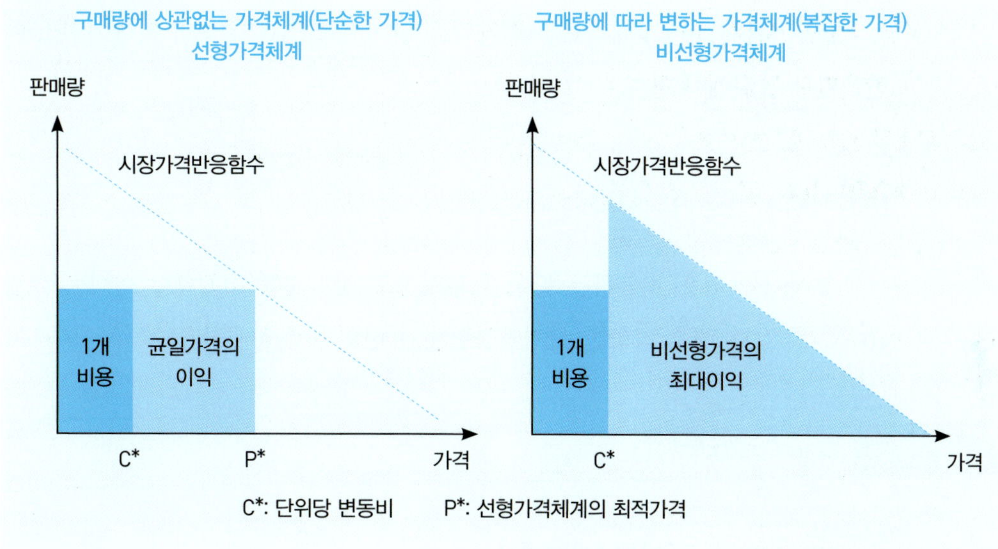

선형가격체계는 단일 상품에 대해 단일한 가격을 매기는 것을 말하고, 비선형가격체계는 단일상품에 대해 고객에 선택할 수 있는 많은 가격옵션을 제공하는 것을 말한다. 비선형가격체계는 판매자의 이익을 선형가격체계보다 증가시킨다. 〈그림 10-4〉의 왼쪽 그림과 같이 선형가격체계는 단일가격수준과 해당 판매량의 곱하기 값만큼 판매자가 매출액을 가져가게 된다. 반면에 비선형가격체계는 〈그림 10-4〉의 오른쪽과 같이 여러 가격수준의 다양한 판매량의 매출액을 판매자의 것으로 가져갈 수 있어서, 단일 가격체계보다 판매액을 증가시킬 수 있으며 이익증가도 기대할 수 있게 된다. 특히, 〈그림 10-5〉의 오른쪽에서 보듯이 판매자는 가격반응함수의 총이익부분을 모두 확보할 수 있는 기회를 갖게 된다.

(3) 가격지불시점의사결정

가격지불시점의사결정이란 선불을 받는 게 기업한테 더 유익한가 아니면 후불 받는 게 기업한테 더 유익한가를 따지는 것을 말한다. 산업별·제품별로 판매자와 소비자가 제품 및 서비스를 제공하는 시점과 가격이 지불되는 시점의 차이를 연구할 필요가 있다.

한편, 판매자는 구매자로부터 가격을 한꺼번에 받을지 여러 기간에 나누어 받을지도 결정해야 한다.

(4) 가격지불단위의사결정

고객이 가격을 지불하는 단위를 무엇으로 삼을지를 결정해야 한다. 〈그림 10-6〉을 보면 매우 다양한 가격지불단위가 산업별로 존재함을 알 수 있다. 가

그림 10-6 다양한 가격지불단위

구분	내용
수량	한꺼번에 많이 사면 할인해 준다. • 커피 집은 평균 2명이 오므로, 세 잔 이상 주문하면 할인한다.
시간	특정시간/요일/월에 사면 할인해 준다. • 영화관은 아침에 오면 할인한다. • 마트는 월요일에 매출이 제일 적으므로, 월요일 할인을 한다. • 아이스크림은 11월에 가장 안 팔리므로, 가격인상한다. • 공단은 10~15일이 가장 매출이 적으므로 이 때 할인한다.
일정시간 내 횟수	특정 기간 동안에 구매횟수에 따라 • 증권사 옵션거래는 한 달 기간 동안의 거래 횟수에 따라 수수료를 매긴다.
금액	특정 기간 동안에 구매금액에 따라 • 증권사 옵션거래는 한 달 기간 동안의 거래 금액에 따라 수수료를 매긴다.
사용자	사용자가 누구냐에 따라 가격을 달리 매긴다. • 군인할인 • HWP(기업 또는 개인)
공간	사용공간에 따라 가격이 다르다. • 뮤지컬 R석, S석

격지불단위는 산업 내에서 독특할 수 있으며 산업 간에 차이가 날 수 있다. 우리 산업에서 사용하지 않는 가격지불단위를 우리 기업에서 적용시킴으로써 이익을 증가시킬 수도 있다.

(5) 동태적 가격관리(dynamic pricing)

현재의 가격지불수준, 가격체계, 가격지불시점, 가격지불단위가 최적이 아닐 수 있다. 경쟁사의 가격변화나 시장변화에 맞는 우리 회사 가격의 변화가 필요하다. 이렇게 시간이 지남에 따라 가격을 변화시키는 의사결정을 동태적 가격관리라 한다.

- 세일(일시적으로 가격을 인하하는 가격전술)
- 가격인하(영구적으로 가격을 인하하는 행위)
- 제품수명주기상 가격관리
- 가격조정(price adjustment)

8. 촉진(promotion)

촉진(promotion)이란 광고, 인적판매, PR, 판매촉진 등을 포함하여 제품의 판매를 돕기 위한 각종 촉진활동을 총칭하는 말이다. 마케팅 커뮤니케이션이라는 이름하에 무척 많은 주제를 경영자가 알아야 한다.

목표시장의 세분시장은 다른 세분시장과 라이프스타일이 다를 수 있으므로 우리 목표시장과 포지셔닝에 걸맞은 포지촉진활동을 해야 한다. 이를 위해 경영자가 내려야 하는 의사결정은 다음과 같다.

- what to say(목표시장에게 어떤 내용을 전달할까?)
- where to expose(어느 매체에 그 내용을 노출시킬 것인가? 온라인 또는 오프라인, 인적판매, 광고, PR, 판매촉진)

- how much to expose(어느 정도의 예산을 투여할 것인가?)
- when to expose(언제 촉진활동을 할 것인가?)

9. 유통(place)

마케팅관리에서 말하는 유통(Place)은 유통경로(channel)와 판매장소(site)를 포함한 개념이다. 상품의 생산자로부터 소매업태에 이르는 과정과 연계된 구성원의 역할과 관리를 다루게 된다. 마케팅관점의 유통에서 다루는 주제는 다음과 같다.

- 유통경로구성원에 대한 이해(소매상, 도매상)
- 유통경로구조의 기능

그림 10-7 유통관련 이슈분류

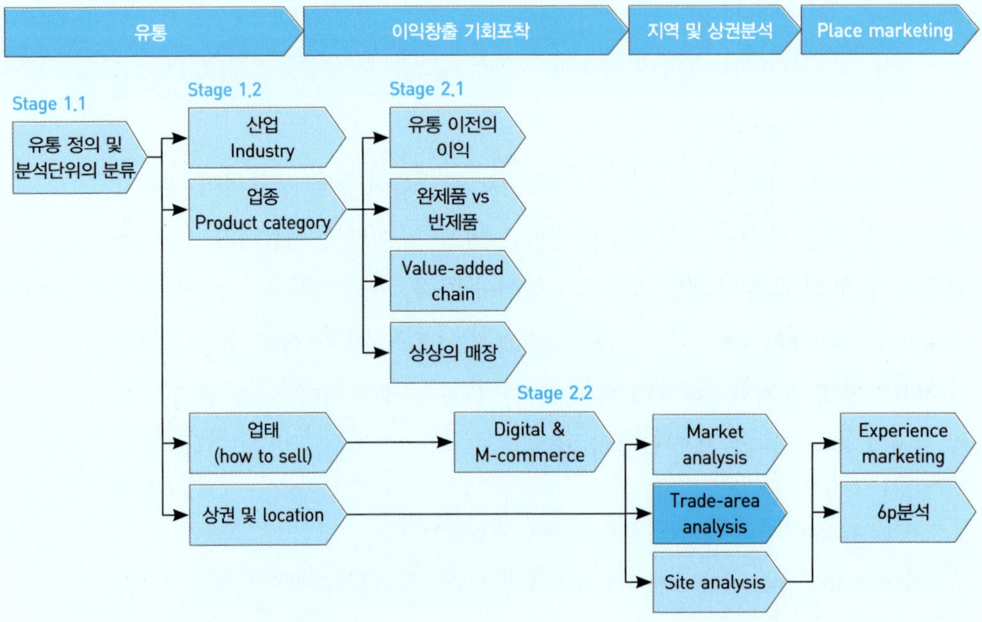

그림 10-8 복합쇼핑몰 장소마케팅관련 관리변수

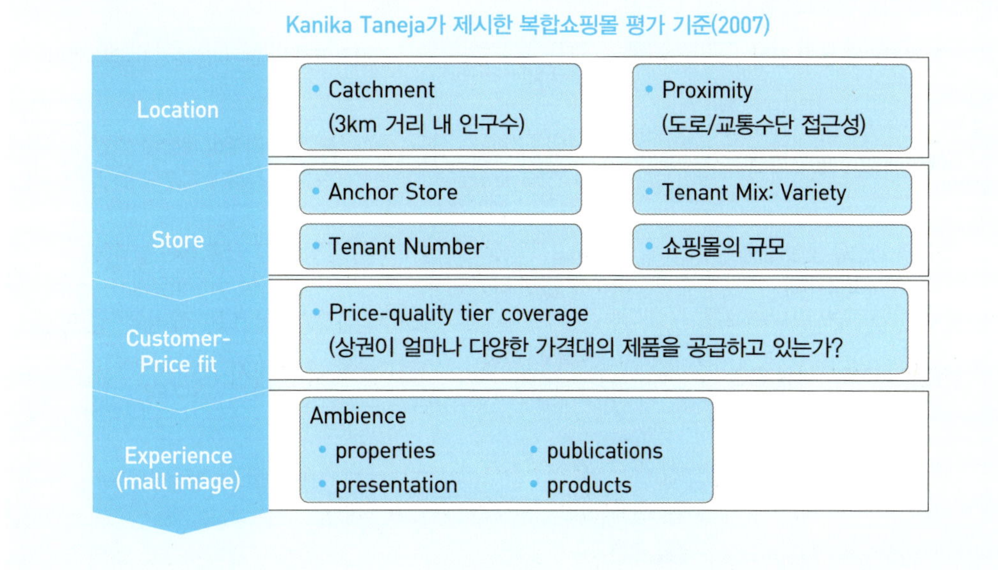

- 유통경로의 다양한 형태
- 유통경로 간의 갈등과 그 해결

마케팅과 관련해서는 장소마케팅과 체험마케팅을 독자들이 염두에 둘 필요가 있어서, 이 둘을 간단히 정리하고자 한다.

장소마케팅은 고객이 쇼핑몰과 같은 거대 판매공간이나 소규모 매장 안에 들어섰을 때 어떤 점을 염두에 두어야 하는지를 관리하는 과정을 말한다. 매장 형태와 규모에 따라 관리해야 할 포인트가 모두 다르므로 이 장에서는 복합쇼핑몰에서 마케터가 관리해야 할 점만을 정리해 보았다(〈그림 10-8〉 참조).

체험마케팅은 상품 및 매장 관련하여 고객의 체험을 우호적으로 개발하기 위한 포인트를 정리하고 관리하는 과정을 말한다. 교과서에서 언급되는 체험마케팅모듈은 〈그림 10-9〉와 같이 5가지이고 이를 중점적으로 회사가 관리해야 한다.

그림 10-9 체험마케팅 모듈 5가지

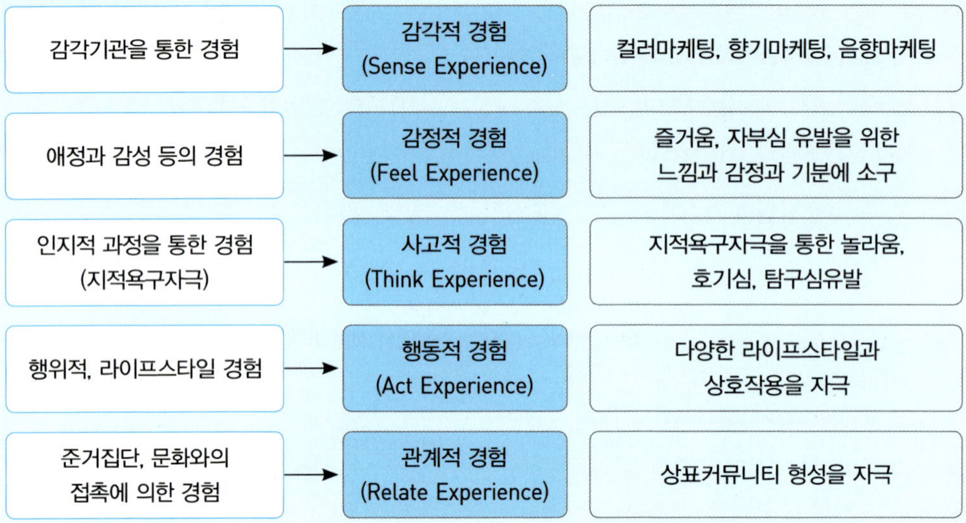

10. 서비스접점인(service encounter, people)

2018년에 우리나라 노동자 중 서비스업에 종사하는 사람은 전체 노동자의 80% 정도를 차지한다. 서비스란 "기업이 소비자에게 소유권의 변동 없이 제공해 줄 수 있는 무형의 행위 또는 활동으로서 소유나 저장, 운반이 이루어지지 않는 것"을 말한다. 따라서 서비스 마케팅은 은행이나, 호텔, 여행사, 법률사무소 등 서비스를 제공하는 사업체의 마케팅이라고 할 수 있다. 이런 서비스업에서 종사하는 사람을 어떻게 관리할 것인지를 다루는 것이 서비스마케팅이다.

- 서비스 산업별로 전문서비스종사자의 교육시장이 각광을 받고 있다.
- OECD국가 중에는 서비스종사자가 전문직으로 각광받고 있다.
- 서비스마케팅은 전문분야로 마케팅에서 자리잡고 있다.

참고로 기업이 고객에게 제공하는 서비스품질을 관리하기 위한 5가지 대상은 아래와 같다.

- 유형성(물리적 시설, 자료의 외형, 종업원의 용모)
- 신뢰성(약속한 서비스를 믿을 수 있고, 정확하게 수행할 수 있는 능력)
- 반응성(고객을 자발적으로 돕고 즉시 서비스를 제공 하겠다는 마음가짐)
- 보증성(종업원의 지식과 정중한 예절, 신뢰와 확신을 주는 능력과 자질)
- 공감성(종업원에 대한 접근용이, 종업원과의 의사소통, 개인적 관심과 주의)

독자가 아는 '소매상점'을 하나 선택하여 적어보자.

그 매장의 STP, 5P를 진단하여 적어보고, 이를 개선하는 방향도 적어보자.

1) 목표시장:

2) 포지셔닝:

3) 주요 제품:

4) 가격대

5) 주요 촉진활동:

6) 유통망:

Chapter 11

재무관리

11

1. 재무관리의 정의와 기능

사업을 창업하여 생산, 영업, 판매, 관리를 하는 과정에 물건과 사람과 관리를 위해 들어가는 돈을 조달하고 돈을 투자하는 일련의 과정을 재무관리라 한다. 다시 말하면 재무관리는 내 돈과 남의 돈과 상관없이 경영관리의 관점에서 보면, 기업의 자금 흐름을 주된 대상으로 하여 기업 활동에 소요되는 자금의 조달 및 그 운용에 관련된 활동을 계획, 조정, 통제함으로써 기업 목표를 달성하려는 일련의 활동이라고 정의할 수 있다.

재무관리는 다음과 같은 기능을 담당한다.

1) 투자 결정(investment decision)

기업경영을 위하여 어떤 사업을 수행할 것인가, 얼마만큼의 자금을 어느 자산에 투자할 것인가에 관한 의사결정을 말한다.

- 신규 투자 사업의 추진, 신제품 개발, 공장 확장
- 신기계의 도입
- 기존 설비의 대체 등의 설비 투자, 기업 성장을 위한 기업 합병
- 재고 자산이나 외상 판매 등 운전 자본 투자 등

2) 자본 조달 결정(financing decision)

투자에 필요한 자금을 어떻게 조달할 것인가에 관한 의사결정을 말한다. 필요한 자금의 규모와 원천, 그리고 조달 자금의 기간을 결정하는 주된 재무 의사결정이다.

재무관리의 목표는 기업과 주주의 이익을 극대화하는 것이다.

- 이윤 극대화의 목표
- 기업의 목표달성
- 기업 가치 극대화를 통한 주주 부의 극대화 목표

2. 재무관리관련 이슈

재무관리와 관련된 주요 이슈는 세 가지로 구분할 수 있다.

- 경영에 필요한 돈을 어디서 조달해야 효율적·효과적인가?
- 경영에서 비용으로 지출되는 돈을 언제 어떻게 지출해야 효율적·효과적인가?
- 경영과정에서 발생하는 이익을 어떻게 투자해야 하나?

3. 경영에 필요한 돈은 어디서 조달하나?

사업을 하려면 돈이 든다. 창업자 개인이 갖고 있는 자본(돈)이 사업을 영위하거나 확정하기에 한정적일 수 있다. 이 한정된 돈으로 사업을 하면 한정된 사업밖에 못한다. 다른 사람이나 조직의 돈을 끌여들이면 자본이 확장된다. 확장된 자본은 사업을 확장시킨다.

투자 소요자금은 내부유보자금으로 충당하기도 하고, 보통주 발행(유상증자), 회사채 발행, 은행차입 등 여러 가지 외부조달수단을 이용하여 조달하게

그림 11-1 자기자본과 타인자본

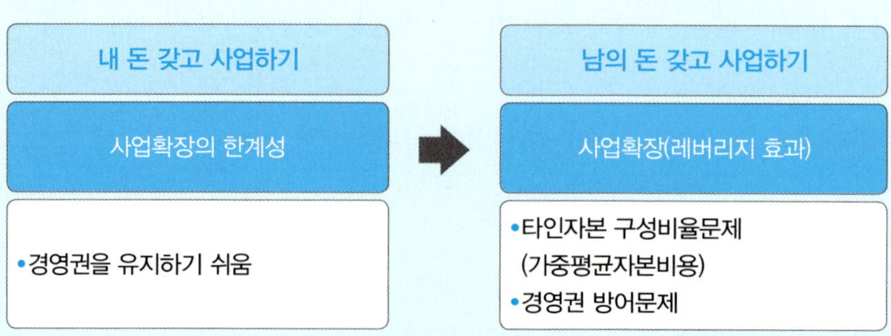

된다. 이들 조달 방법은 타인자본(장단기 부채)에 의한 조달과 자기자본에 의한 조달로 구분하기도 한다.

자기의 돈(자기자본)만을 갖고 사업을 하는 경영자가 있고, 다른 사람의 돈(타인자본)을 갖고 사업을 하는 경영자가 있다. 자기자본과 타인자본 비중을 어떻게 할 것인가를 경영자가 선택해야 한다.

자기자본으로 운영을 하고자 할 때 발생하는 또 다른 이슈는 동업문제이다. 창업을 해서 경영을 하고자 하는 사람은 동업을 할지 안 할지를 결정해야 한다. 이 문제에 대한 정답도 존재하지 않으므로 창업자는 동업 여부를 신중히 결정해야 한다.

다른 사람이나 다른 조직의 돈은 여러 가지 형태를 갖고 있다. 채권, 주식 등이 대표적이다. 이 다른 사람의 여러 가지 형태의 돈을 얼마 만큼씩 끌어들여야, 가장 비용이 적고, 위험도 적을 수 있는가를 다루는 것이 재무관리이다.

따라서 재무관리에서는 타인자본이라 부르는 다른 사람의 돈을 끌어들이는 방법을 배운다. 타인자본의 형태가 여러 가지이므로 이들 간의 구성을 어떻게 해야 가장 좋은지를 배운다(가중평균자본비용).

그림 11-2 사업자금의 원천분류

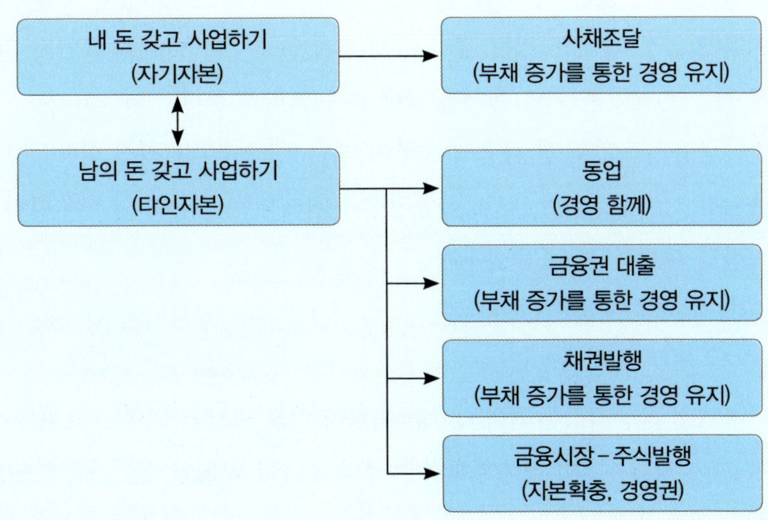

어느 회사는 부채가 제로라고 자랑을 한다. 반면에 내 돈만을 갖고 사업을 안 하고 남의 돈으로 사업을 대규모로 해야 돈을 번다는 이론이 제시되기도 한다.
독자 여러분은 내 돈만 갖고 사업을 할 것인가? 남의 돈을 부채로 끌여들여서 사업을 확장할 것인가? 둘 중의 하나를 선택하여 적고, 그 이유도 적어보자.

4. 자본조달의 원천

타인 자본을 우리 회사에 끌어들이기 위해 경영자가 알아두어야 할 자본조달의 원천에 대해 알아보자. 경기 주체 간의 자금 유통을 금융이라 하며, 자금 유통이 이루어지는 시장을 금융시장(financial market)이라고 한다. 금융시장은 여유 자금을 가지고 있는 경기 주체(가계)들로부터 자금을 모아서 자금을 필요로 하는 경제주체(기업)에게 공급해 주는 역할을 한다.

금융시장은 우선 금융이 이루어지는 경로에 따라 직접 금융시장과 간접 금융시장으로 구분되며, 직접 금융시장은 거래되는 증권의 만기에 따라 다시 화폐시장과 자본시장으로 구분된다.

1) 직접 금융시장

직접 금융시장은 중개기관을 거치지 않고 자금의 최종 수요자(기업)와 공급자 간에 직접증권의 매매형태로 자금의 수급이 이루어지는 시장을 말한다. 여기에서 직접 증권(direct or primary security)이란 자금의 최종 수요자가 자금을 조달하기 위하여 발행하는 증권으로 주식과 채권이 대표적인 형태이다.

2) 간접 금융시장

간접 금융시장은 자금의 최종 수요자와 공급자 간에 은행이나 보험회사와 같은 금융 중개기관이 개입하여 직접 또는 간접 증권의 매매 형태로 자금의 수급이 이루어지는 시장을 말한다. 여기에서 간접 증권(indirect or secondary security)이란 자금의 최종 수요자가 아닌 중개기관이 자금을 조달하기 위하여 발행하는 증권으로 예금증서나 보험증서가 그 대표적인 형태이다.

3) 화폐(자금)시장(money market)

신종기업어음(CP) 등을 발행하여 기업이 단기 자금을 조달하는 것처럼, 단기(1년 이내)에 만기가 되는 부채 증권이 발행, 유통되는 시장이다. 이 밖에도 화폐시장을 통하여 금융기관 간에 콜, 정부가 발행한 통안안정증권 등의 단기 금융상품이 거래된다.

4) 자본시장(capital market)

회사채와 같은 장기성 부채 증권이나 주식과 같은 지분 증권 등이 발행, 유통되는 시장으로서, 기업에게는 장기 자본조달의 창구가 된다. 협의의 증권시장을 말하는데, 주식, 채권 등을 직접 투자자에게 팔아서 자금을 조달하는 직접 금융의 방법으로 자본 조달이 이루어지는 시장이다. 여유자금을 증식하고자 하는 위험을 투자자가 지는 시장이다.

5. 자본비용

자본비용(cost of capital)이란 기업이 자본을 사용한 대가로 자본제공자(주주 또는 채권자)에게 지급해야 하는 비용을 말한다. 부채로 조달하면 이자를, 주식을 발행하면 배당을 지급해야 한다. 다시 말하면 자본비용이란 기업 입장에서 보면, 필요한 투자 자본을 조달함에 있어서 조달된 자본액에 대해서 자본 사용의 대가로 치르는 지급대가를 말한다.

재무관리를 할 때, 자본비용이 중요한 이유는 투자안 평가의 기준이 되며, 자본조달결정의 판단기준이 되기 때문이다. 자본조달비용을 최소화하는 일은 기업재무의사결정자의 가장 중요한 임무라고 할 수 있다.

자본조달 원천별로 자본비용이 다르다.

- 보통주의 자본비용은 CAPM이라는 것을 통해 측정한다.
- 부채의 자본비용은 이자율이다. 사채의 유통수익률(만기수익률)을 부채 자본비용으로 이용하는 것이 합리적이라고 할 수 있다.
- 우선주의 자본비용은 우선주 배당금은 일정 금액을 영속적으로 지급하는 것이 일반적이다.
- 여러 원천에서 돈을 빌려온 경우에는 '가중평균자본비용(WACC)'을 지급해야 한다.

6. 얼마의 부채의존도가 기업에게 가장 유리한가?

얼마의 부채의존도가 기업에 가장 유리한지를 설명하는 최적자본 구조이론이 다양하게 제시되고 있다. 이들 이론들은 대부분 비현실적인 몇 가지 가정하에서 제시되고 있다. 여러 이론에 관계없이 부채 사용에 따라 현실적으로 나타나는 효과는 다음 세 가지라고 할 수 있다.

1) 레버지리 효과: 부채 사용에 따른 지급이자는 매출액이나 영업이익 크기에 관계없이 지급해야 하는 재무고정비이다. 따라서 이익이 날 때에는 더 큰 이익이 나고, 손실이 날 때에는 더 큰 손실이 발생하는 레버리지 효과가 발생한다. 부채가 늘면 기대 수익 증가의 가능성도 높지만, 영업 이익이 감소하게

될 때에는 기대 수익이 오히려 더욱 큰 폭으로 감소되는 위험의 증가 가능성도 높다.

2) 파산 가능성의 증가: 부채 사용이 증가하면 원리금을 상환하지 못할 가능성이 높아진다. 파산 가능성이 높아지면 매출 감소, 이직 증가, 부품업체 이탈 등의 상황이 나타나므로 부채 차입을 무제한으로 실시한다는 것은 현실적으로 불가능하다.

3) 지급이자의 세금효과: 타인 자본 사용에 따른 지급이자는 손비 처리되므로 기업의 현금 유출을 감소시킨다.

7. 경영에서 비용으로 지출되는 돈을 언제 어떻게 지출해야 효율적·효과적인가?

이 이슈에 대한 정답은 없다. 기업이 일반적으로 취하는 비용지급행태는 다음과 같다.

- 비용은 가능한 남에게 전가한다. 내 비용으로 일을 하는 것은 바보 같은 짓이다.
- 불가피하게 비용을 지급하게 될 경우에는 가장 저렴한 비용을 지급한다.
- 불가피하게 비용을 지급하게 될 경우에는 가장 늦게 지급하려 노력한다.
- 투자와 비용을 구분한다.

8. 경영과정에서 발생하는 이익을 어떻게 투자해야 하나?

앞에서는 사업을 하기 위해 어디서 얼마의 돈을 끌어들일 것인가를 배웠다. 여기에서는 기업이 돈을 갖고 있을 경우, 이 돈을 금고에 넣어 놓지 않고, 어디에 투자해야 가장 많은 자본이익을 얻을 수 있을까를 배운다. 그러기 위해, 자본이익을 얻을 수 있는 여러 투자대상을 배우는 것이 이 장의 목적이다.

투자(investment)의 대상은 다음과 같다. 투자는 장래에 불확실한 투자 성과를 얻기 위하여 현재의 확실한 소비를 희생시키는 행위이다. 그러나 투자 수익은 미래의 시점에서 실현되며, 환경 변화에 따라 달라지는 불확실한 특성을 지니고 있다. 투자의 목적은 장래에 보다 많은 이득을 얻는 데 있다.

현금보유

저축성예금에 현금을 넣어 놓는 경우를 말한다. 또는 현금과 거의 다름없는 CP에 투자하는 경우를 말한다.

금융자산투자(financial assets)

금융자산은 어음, 차용증서, 창고증권, 선하증권, 국공채, 회사채, 수익증권, 보통주 등을 포함하는 개념으로 넓은 의미의 유가증권을 의미한다. 투자론에서 연구대상으로 하는 금융자산은 자본증권으로 유통성과 대체성이 있는 좁은 의미의 유가증권이다. 따라서 주식, 채권, 수익증권, 옵션, 선물계약 등에 투자하는 것은 금융자산 투자(financial assets investments)이다. 파생상품 등도 여기에 해당된다.

경기가 좋을 때는 주식을 사고, 경기가 좋지 않을 때는 채권을 사라는 말이 있다. 귀하가 지금 돈이 있다면 주식과 채권 중 어느 곳에 투자할 것인가?

실물자산(real assets)

사업과 관련된 기계장치, 부동산, 공장, 매출채권, 재고자산 등의 유형 자산을 말한다. 따라서 유형 자산에 투자하는 것은 실물자산투자(financial assets investment)에 해당된다.

사업과 관련없는 실무자산투자

그림이나 사업과 관련없는 부동산, 저작권과 같은 무형자산을 구매해 놓는 것, M&A와 같이 기업을 구매하는 것 등을 말한다.

한국의 부자는 주로 부동산을 소유하고 있고, 미국의 부자는 주로 주식을 소유하고 있다는 속설이 있다. 독자는 부동산과 동산 중 어느 것을 소유하는 것을 선호하는가? 그 이유는?

안전자산이란 가장 위험성이 없는 자산을 말한다.
독자들은 다음 중 하나를 선택하고 그 이유를 적어보자.

- 미국 달러 or 일본 엔화

- 금 or 다이아몬드

- 테슬라의 채권 or 중국인민은행 국채

- 중국 주식 or 인도 주식

9. 포트폴리오의 개념

포트폴리오(portfolio)란 주식, 채권, 부동산 등 다수 자산을 결합하여 분산 투자하는 투자안을 말한다. 한 곳에 전부 투자를 했을 때 발생하는 위험성을 제거하기 위해 여러 투자대상에 적정한 배분을 시도하는 과정을 말한다. 포트폴리오 개념이 증권에 적용될 때에는 포트폴리오 구성안이란 투자위험을 줄이기 위한 분산 투자안의 의미로 사용되고 있다.

1990년에 노벨 경제학상을 수상한 마코위츠(H. Markowitz, 1952)는 1952년에 '포트폴리오의 선택원리'를 제시하였다. 포트폴리오는 자산의 집합을 의미한다. 3개의 증권을 소유한다는 것은 3개의 증권으로 구성된 포트폴리오를, 하나의 증권을 소유한다는 것은 하나의 증권으로 구성된 포트폴리오를 소유함을 의미한다.

미래의 투자 수익률이 불확실하기 때문에 확률적 예측을 통하여 기대수익률을 추정한 후 기대수익률이 가장 큰 증권으로 구성된 포트폴리오를 선택할지도 모른다. 그러나 마코위츠는 이와 같은 투자행동이 옳지 않음을 분명히 하였다. 높은 투자 수익률을 기대할수록 높은 투자위험을 부담해야 한다. 기대수익률이 증가할수록 투자 위험의 부담이 증가하며, 투자위험의 부담이 적을수록 기대수익률이 감소하기 때문이다. 포트폴리오 관리(portfolio management)란 하나 이상의 투자 자산에 분산 투자하는 활동을 체계적으로 계획, 실행, 사후 통제하는 것을 말한다.

증권시장 투자자 사이에 회자되는 여러 투자속설을 검색하여 나열해 보자.
(예: 경기가 나쁘면 식음료 주식을 사고, 경기가 좋으면 금융이나 건설 관련주를 사라)
(예: 어깨에서 팔아라)
(예: 손절매하라)

Chapter 12

생산관리

이 장에서는 구체적인 상품을 제조하는 것을 다룬다. 기업이 고객에게 판매하려는 제품이나 서비스를 통틀어 상품(commodity)이라고 부른다. 이 상품은 원자재로 만들어지면, 이 원자재가 상품으로 변화하면서 부가가치가 더해지는 과정이 생산이다.

생산은 전략적 목적을 달성하기 위해 이루어진다. 이런 목적을 달성하기 위해 생산관리에서 다루는 이슈는 아래와 같다.

- 생산을 우리 회사에서 자체적으로 해야 하나, 다른 회사에 맡겨야 하나?
- 상품설계의 기준은 무엇인가?
- 상품설계는 우리 회사에서 해야 하나? 다른 회사에 맡겨야 하나?
- 상품수요예측방법에는 어떤 방법이 있고, 이 수요예측이 왜 중요하고, 얼마나 정확해야 할까?
- 수요예측을 통한 자재소요계획 및 전사적 자원관리(ERP)는 왜 필요한가? BPR(business process reengineering)
- 적절한 재고량을 어떻게 예측하고 확보할 것인가?
- 적절한 품질관리의 목표치는 얼마가 되어야 하나? 6sigma문제

그림 12-1 생산관리 주요 이슈

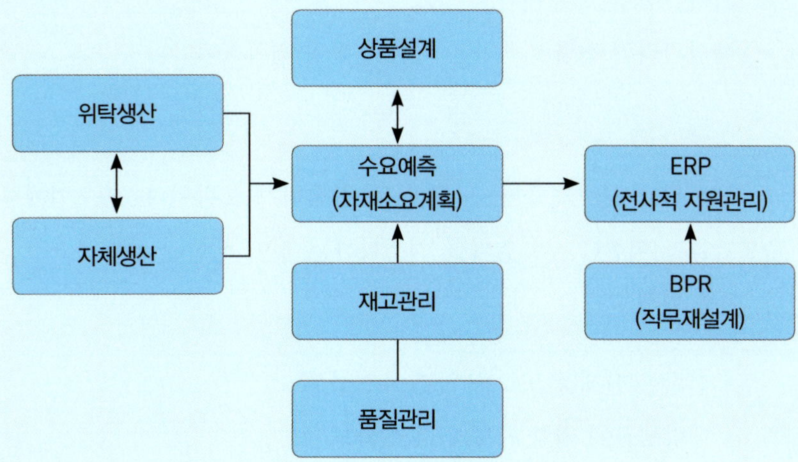

1. 생산관리의 개요

생산은 자원의 물리적, 시간적, 공간적(혹은 지리적) 변형을 통해 가치를 창출하는 행위를 의미한다.

그림 12-2 생산활동

생산관리는 기업의 목표를 효과적으로 달성하기 위해 인적·물적 자원을 효율적으로 활용하며, 특히 생산과 관련된 계획 수립, 계획의 집행, 통솔, 통제와 같은 일련의 활동을 행하는 것이다.

생산관리의 목표는 생산성과 경제성의 향상에 있다. 생산시스템은 일종의 투입-산출시스템이다. 생산운영관리는 이러한 시스템을 효율적으로 관리함으로써 투입에 대한 산출의 비율을 극대화하고자 한다. 이미 우리는 경영의 개념에서 효과성과 효율성을 지적한 바 있다. 생산부분은 효과성과 효율성이 가장 강조되어야 하는 부분이다.

생산관리의 전략적 목표는 다음과 같이 명확하다.

첫째, 최소의 원가(비용) 목표

생산원가에는 재료비, 노무비 및 간접비가 포함된다. 제조업에서 이는 매출원가를 의미한다. 이 원가를 최소화하는 것이 생산관리의 목표가 되어야 한다. 이를 위해

- 신속한 신제품 도입을 위한 유연성 확보
- 대량생산에 의한 규모의 경제 확보
- 과학적 생산과정 및 공정관리 실시

- robust한 design의 채용
- 생산장비를 오래 사용하기
- platform 공유

등을 고려해야 한다.

둘째, 고객이 원하는 수준의 품질목표

여기서 분명히 말해야 할 점은 목표시장(target)이 원하는 품질이다.

2019년에 방영중인 '골목식당'이라는 프로그램을 상기해 보자. 백종원 씨는 끊임없이 상권에 오는 고객이 원하는 가격에 걸맞는 품질의 음식을 매장주인에게 요구한다.

높은 품질은 경쟁업체의 품질보다 월등히 높고 비싼 가격에도 불구하고 팔릴 수 있을 만큼 충분히 좋은 품질로 정의된다. 이런 높은 품질이 아니라 경쟁사 대비 고객 시각에 걸맞는 품질목표를 요구한다.

그래서 품질 목표에는

- 고객만족도
- 폐기물 및 재작업의 비율 최소화
- 불량 최소화

를 들 수 있다.

셋째, 시간의 최소화 목표

시간목표는 여러 가지이다.

- 생산시간의 최소화
- 납품시간의 최소화(고객이 원하는 시간과 장소에 제품이나 서비스를 인도할 수 있는 생산의 능력을 납품이라고 정의한다.)
- 서비스시간의 최소화

넷째, 최대의 유연성목표

수요의 변동에 따라 생산수량을 신속히 조절할 수 있고, 소비자의 요구나

취향에 맞추어 신속하게 신제품을 개발하거나 제품디자인을 다양하게 변경할 수 있는 능력을 말한다. 높은 유연성을 유지하기 위해선 적응력과 신축성이 강한 인력과 장비를 갖추고 있어야 한다.

가장 이상적인 생산 활동이란 낮은 원가, 좋은 품질, 신속한 납품 및 높은 유연성을 동시에 달성하는 것이다.

낮은 원가, 좋은 품질, 신속한 납품 및 높은 유연성을 동시에 달성하는 것이 가능할까? 이들 간에 상충이 발생하는 경우를 사례를 들고, 해결책을 적어보아라.

2. 제품수명주기와 생산관리 그리고 의사결정부문의 다양화

기업이 같은 제품(또는 산업)생산에 종사하더라도 그 제품(또는 산업) 수명주기(Product Life Cycle, PLC)에 따라 기업전략과 생산전략도 달라져야 한다.

표 12-1 제품수명주기에 따른 생산 목표의 변화

	도입기	성장기	성숙기	쇠퇴기
경쟁 형태	시장 탐색	품질향상, 물량공급	가격 인하, 서비스 제고	비용 절감
생산 형태	소량, 다양화	대량화, 표준화 지향	대량생산, 단일화 지향	단일화
생산 목표	유연성	품질, 적시적소	가격	가격

위와 같이 시간이 지남에 따라 상품의 생산관리에 대한 경쟁형태 생산형태 생산목표가 달라지므로 이에 따른 경영의사결정이 필요하다. 생산 관련 의사결정 부분은 크게 다섯 가지로 나누면 다음과 같다. 생산은 매우 어려운 일이다.

- 제품(product): 제품 믹스, 품질, 수직통합 등
- 공정(process): 생산 공정, 제조기술 등
- 시설(facility): 입지 규모, 물류 시설 등
- 통제(control): 재고정책, 구매정책, 분배정책, 품질관리정책, 생산 스케줄링 등
- 조직(organization): 조직구조(집중 대 분산), 정보체제, 업적 평가 및 인센티브, 인적자원관리 등

3. 제품의 설계

제품이란 변천과정(transformation)을 통해서 생산되는 모든 종류의 유·무형의 산출물을 말하며 제품을 결정할 때는 제품에 대한 아이디어를 조직적으로 수집하고 이것 중에 조직 목표에 가장 부합되는 아이디어를 선택해야 한다. 따라서 제품 설계는 신제품에 대한 가장 적절한 설계를 개발하는 것이다.

제품설계는

- 고객 욕구 만족에 영향을 줄 수 있으며
- 최종 제품 품질에 영향을 미친다.(quality)
- 생산 비용과 공정 형태를 결정(price& timing)
- 생산 능률을 결정(flexibility)
- 고장 수리 시간을 결정(flexibility)
- 경쟁우위를 결정할 수 있다.

4. 수요예측과 자재소요계획

정확한 수요 예측을 해야만 이 수요에 맞는 자재소요계획이 발생하고, 이 자재소요계획을 돕기 위한 재무자원이 마련된다. 실제 생산관리 시간에는 수요예측에 대한 다양한 기법을 배우게 된다(수요예측에 대한 많은 전문적인 방법이 존재한다. 이는 이 책의 범위가 아니고, 관심있는 독자는 전문서적을 참고하기 바란다).

원별 수요예측을 실시한 기업이 있다고 하자. 실제 판매량이 수요예측한 것보다 10% 이상 초과 달성했다고 가정하자. 이 경우는 수요예측을 잘못하여 판매기회손실(더 팔 수 있었는데 못 팔게 되어 발생하는 비용)이 발생했을 가능성이 있다. 이 경우 수요예측을 한 직원을 벌을 주어야 하나? 독자들의 생각을 적어라.

경영자는 실제수요보다 수요예측을 크게 하려고 하고, 실무자는 적게 하려 하는 경향이 있지 않을까? 실무자들이 실제판매량보다 적게, 즉 보수적으로 수요예측을 하려는 경향을 보이는 이유가 무엇일까? 그 이유는 상상하여 적어보자.

경영자는 실제수요보다 수요예측을 크게 하려고 하고, 실무자는 적게 하려 하는 경향이 있지 않을까? 경영자들이 실제판매량보다 많게 수요예측을 하려는 경향을 보이는 이유가 무엇일까? 그 이유는 상상하여 적어보자.

수요예측에 의해 다음과 같은 자원요구계획(또는 자재소요계획)이 발생하게 된다.

1) 생산 장비 계획

필요한 생산 장비를 결정하기 위해서는 제품을 생산하는 데 필요한 부품과 생산 방법, 생산 순서, 조립 과정 등을 분석하여야 한다. 이러한 정보를 토대로 단위당 작업 시간과 작업의 효율성을 결정할 수 있다.

2) 인력 계획

근래에 임금이 상승과 더불어 인력 계획은 기업의 가장 큰 어려움이 되고 있다. 근로자가 어렵거나 깨끗하다고 여기지 않는 작업을 회피하며 잔업 회피 등의 경향이 있기 때문이다. 필요 인력을 산정할 때 반드시 고려해야 할 사항은 인간의 학습능력이다. 인간은 특정 직무를 반복적으로 수행하면 점점 짧은 시간 내에 직무를 완수할 수 있다는 것이다.

3) 설비 계획

수요의 증가가 실현되거나 혹은 예상될 경우 설비를 신설하거나 현 설비를 확장할 필요가 있다. 여기서 설비는 각종 기계와 사무실을 배치할 수 있는 공간을 의미한다.

4) 생산 시설에 관한 다양한 의사결정

- 시설 규모의 결정
- 입지의 결정
- 공정별 배치
- 제품별 배치
- 하이브리드 배치와 유연 생산 시스템
- 고정배치

5. 생산 계획의 수립

기업에서 생산 계획 수립은 생산관리의 첫 단계라고 볼 수 있고 가장 중요한 과정이기도 하다. 기업의 사업 목표를 달성하기 위한 생산 목표를 설정하고 생산 목표를 달성하기 위해서 생산 계획이 수립된다. 이 때 가장 중요한 의사결정 중의 하나가 '자체생산'할까 '위탁생산'할까의 문제이다.

- 구두회사 중 A사는 100% 자체 상품설계 후 100% 위탁생산한다.
- 구두회사 중 B사는 100% 자체 상품설계 후 약 20%만 자체생산하고 나머지는 위탁생산한다.
- 어느 의류회사는 100% 자체생산한다.

생산을 반드시 우리 회사가 해야 하나? 모두 생산을 다른 기업에 맡길까? 적정한 생산 가능규모는 얼마인가? 왜 그렇게 생각했는지 적어보자.

생산계획의 단위문제. 기업에 따라 다를 수 있으나 총괄생산 계획은 보통 연간 생산 계획, 월간 생산 계획과 일치한다. 각 제품 혹은 모델에 대한 생산 계획은 월간 혹은 주간 생산 계획과 일치한다. 부품에 대한 계획은 자재 소요계획(material requirements planning: MRP)이라고 한다. 일일 생산 계획은 자재 소요계획을 기초로 수립한다.

6. 자재소요 계획

생산을 지원하기 위하여 유지되는 재고를 생산 재고라고 부르는데, 생산 재고는 완제품재고와는 매우 다른 특징들을 가지고 있다. 생산 재고를 계획하며 통제하는 데 사용되는 기법을 자재소요계획(material requirements planning) 또는 MRP라고 부른다.

MRP에서 한 걸음 더 나가 기업 내의 제조, 물류, 회계, 인사, 재무, 판매 등 모든 업무 프로세스를 실시간 정보 공유를 바탕으로 통합적으로 지원하여 업무의 효율화 및 의사결정의 신속화를 도모하는 것을 ERP(enterprise resources planning)라고 한다. ERP는 전사적 자원관리 또는 기업자원관리라고 일컬어지며 한마디로 기업내 통합정보시스템을 구축하는 것이다.

이러한 정보시스템의 혁신은 업무 프로세스의 혁신과 동반하여 이루어지는 것이 일반적이다. 따라서 ERP는 구매 – 생산 – 판매로 이어지는 supply chain상의 정보 및 물자의 신속하고 정확한 활용 및 이동을 통하여 고객 서비스 향상 및 기업 이윤 증대라는 두 가지 중요한 기업 목표를 달성하는 데는 커다란 도움을 줄 수 있다.

7. 재고관리

생산업체로서는 재고를 없애는 것이 비용 절감의 가장 좋은 방법이다. 그러나 많은 제조업체 혹은 유통업체가 재고를 유지하고 있다.

- 수요의 발생과 공급에 걸리는 소요시간(lead time: LT)을 줄이기 위해
- 고객의 성향을 반영하기 위해
- 품절을 방지하기 위해

기업이 판매하는 제품계열이 많을수록 재고관리가 중요하다. 또한 경기가 좋고 나쁨에 따라 재고에 엄청한 재무자원과 인적자원이 매몰될 수 있다.

다이소 사장님이 얼마나 재고관리에 신경을 쓸지를 상상하라. 다이소의 재고관리 시스템을 검색하여 적어보자.

2019년 SBS의 골목식당 중 포방터시장의 '홍탁집'은 점심에 닭곰탕만 팔고, 저녁에는 닭볶음탕만 판매한다. 이 프로그램 전에는 아주 많은 메뉴를 갖고 있었다. 이렇게 메뉴를 줄이는 컨설팅의 이유를 독자들이 적어보자.

8. 품질관리

품질을 유지하는 것은 기업을 유지하는 것과 같다. 고객은 품질이 일정하지 않은 상품을 장기간 구매하지 않을 것이기 때문이다. 이를 위해 전사적 품질관리(Total Quality Control, TQC)와 통계적 품질관리(Statistical Quality Control, SQC)를 실시해야 한다. 2000년대 초반에는 6sigma라는 품질관리기법이 전 세계적으로 유행한 바도 있다. 이런 기법들은 대규모 대량생산을 하는 대기업에 어울리는 경영학적 품질관리기법이다.

이 책은 small하고 smart한 소규모 경영자를 목표시장으로 하는 책이다. 이 책에서는 가격과 품질 포지셔닝에 걸맞는 품질을 원하고 있다. 다시 말해, 이 책에서 저자가 강조하고 싶은 점은 '목표시장에 꼭 맞는 품질'이다. 숙명여대 앞에 잘 나가는 수제햄버거집 사장님의 말씀이다.

'학생들의 주머니에 맞는 가격 대비 품질'의 버거를 만듭니다.

그림 12-3 품질–가격 포지셔닝

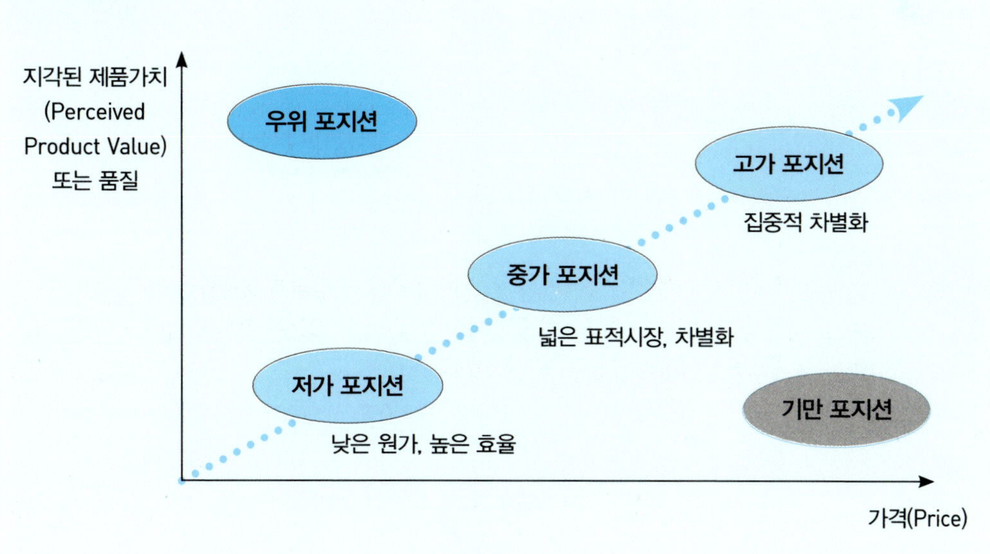

사족: 르네상스 시대의 피렌체에는 두 종류의 금화가 있었다. 하나는 1200년대부터 1530년까지 300년 가까운 세월 동안 피렌체 경제의 얼굴이었던 공화제 시대의 금화(앞면은 피렌체의 수호성인인 성 조반니(세례자 요한)의 초상이 새겨져 있고, 뒷면에는 피렌체공화국의 문장인 붓꽃모양이 새겨져 있다)와 다른 하나는 공화국이 무너지고 메디치가의 지배를 받게 된 후 1530년에 주조된 금화인데 24금이라는 금의 순도는 변하지 않았지만 양이 조금 줄어들었다(시오노 나나미, 1991).
1530년대 이후 피렌체 사람들은 어느 금화를 더 좋아했을까?
'1530년도에 피렌체에서 일하고 있는 어느 장인의 말'

'아무도 말은 안하지만, 마음속으로는 붓꽃이 새겨진 금화를 좋아합니다.'
(동일한 가격에 더 좋은 품질을 원한다는 말)

맺음말

저자들은 이 책의 마무리는 다음과 같이 정리하고자 한다.

Small and Smart 경영이란 '고객시각'으로 상품을 만들고 효율적 · 효과적으로 생산에서 판매에 이르는 과정을 관리하는 것이다.

경영은 아래와 같이 다양한 조합을 맞추는 과정이다.

person-product fit (고객과 우리 상품의 적합도를 높이는 것)

person-price fit (고객과 우리 상품의 가격적합도를 높이는 것)

person-place fit (고객과 우리 상품의 판매처 및 유통 적합도를 높이는 것)

person-promotion fit (고객 lifestyle에 상품 촉진활동 적합도를 높이는 것)

person-organization fit (종업원과 회사의 적합도를 높이는 인사관리)

money-organization fit (우리 회사에 적합도 맞는 재무관리)

organization-production fit (우리 회사의 적합도에 맞는 생산관리)

찾아보기

ㄱ

가격(price) 165
가격 반응 114
가격수준의사결정 165
가격지불단위의사결정 168
가격지불시점의사결정 167
가격체계의사결정 166
가공 69
가중평균자본비용(WACC) 182
가치 6
가치(value) 108, 158
간접 금융시장 181
경쟁자선택(competitor selection) 15
경쟁적 시장위치 19
경제적 보상(Compensation) 144
고객(customers) 159
고객접점(customer service encounter)관리 111
공감성 173
공식적 모집 140
관계중시형 129
관리(management) 6
교육/훈련 143
구매자(buyers) 159
군자형 리더십 123
규범형 리더십 130

ㄷ

다단계판매 52
다빈치 코드 89, 91
대체(substitution) 83
도가(道家) 126
도전자(challengers) 37
동태적 가격관리(dynamic pricing) 169

ㄹ

라인 조직(line organization) 150
레드오션 28
레버지리 효과 182
리더십(leadership) 122

ㅁ

마이클 포터(M. Porter) 32
마케팅(marketing) 157
매트릭스 조직(matrix organization) 151
모방(imitation) 95
모집 140
목표시장 105
목표시장선정(targeting) 160
묵가(墨家) 124
묶어주기(grouping)기법 76
물류(logistics) 62

ㅂ

반복(repetition) 77
반응성 173
반제품 69
방탄소년단 34
배치(placement) 145
백화점 49
법가(法家) 125
보상 143
보증성 173
복리후생(Welfare Benefits) 144
복합쇼핑몰 51
본원적 전략 32

봉급(Salary) 143
분할(partition) 76
블루오션 28
비공식적 모집 140
비용구조 113
비전형 128
비즈니스모델 103

ㅅ

사업(business) 4
사업부제 조직(division organization) 150
상여금(Incentive) 144
상품정체성 104
생존부등식 8
샤오미(小米) 35
선발 141
선점(preemptive)전략 36
센텀시티점 51
소매위치(location) 62
소비자(consumers) 159
소비자행동 157
수익 원천 112
순환보직 145
슈퍼마켓 50
슈퍼스토어 50
스타필드 51
승진 143
시장 도전자 39
시장매력도 19
시장선도자(leaders) 37
시장선택(market selection) 15
시장세분화(segmentation) 159
시장점유율 방어전략 37
시장점유율 확대전략 38
시장 – 제품 적합도 23
신뢰성 173
실물자산(real assets) 185

ㅇ

아웃렛 51
알레아토릭(aleatorik) 76
애너그램(anagram) 76
앤소프(Ansoff) 모형 21
앰비그램(ambigram) 76
業의 개념(Biz Definition) 25
업종 5
업태 5
여자친구 34
완제품 69
원가우위 전략 33
유가(儒家) 123
유통(流通) 61
유통경로(distribution channel) 62
유형성 173
육성형 리더십 131
이직(separation) 146
인적자원관리(human resource management) 138
인지 – 태도 – 구매 단계 107
임금(Wage) 143

ㅈ

자동판매기 51
자본비용(cost of capital) 181
자본시장(capital market) 181
자재소요계획(material requirements planning)

199
장소마케팅(place marketing) 62, 171
적소자(nichers) 37
잭 웰치 137
전략 31
전략삼각형 24
전사적 품질관리(Total Quality Control) 201
전제형 리더십 125
전통시장 48
전환(transfer) 145
제가백가 123
제품(product) 164
제품계열 48
제품선택(product selection) 15
제품차별화 34
제품카테고리(product category) 4
조직구매행동 157
지시명령형 128
직무관리 139
직무 기술서(job description) 139
직무 명세서(job specification) 140
직무순환 145
직무이동 145
직무 평가(job evaluation) 140
직접 금융시장 180
집단운영형 130
집중(focus) 전략 35
집중화(focus) 32

ㅊ

차별화(differentiation) 32
차별화 전략 34
참모조직(staff organization) 150
창업 3
천사와 악마 89
촉진(promotion) 169
총 시장의 확대전략 37
총체적인 원가우위(overall cost leadership) 32
추종자(followers) 37
침투가격전략 33

ㅋ

카탈로그 판매 50
카테고리 킬러 50
코요테 121
클래식 99

ㅌ

텔레마케팅 51
통계적 품질관리(Statistical Quality Control) 201
통신판매 51
트와이스 121

ㅍ

판매 장소(place) 110
패드(fad) 98
패션 98
평등형 리더십 124
포용형 리더십 126
포지셔닝(위치정립) 160
포트폴리오(portfolio) 186
프로젝트 조직(project organization) 150

ㅎ

핵심자원 116

화폐(자금)시장(money market) 181
회원제 도매클럽 50
효과적 5
효율적 6
휴직(layoff) 146

기타

6sigma 201

Aaker 36
Abell 24
Anchor 109
anchor food 109
anchor store 109
anchor value 109

B2B 52
B2C 52
BCG 사업분석 모형 17

C2C 52
Catchment 107
Chandler 38
consideration 133
dressing 75

E-commerce 52
ERP(enterprise resources planning) 199

GE 137
GE모형 19
Geographical market 67

justification 133

Le Bon Marche 49
location 67

Mobile commerce 52
MRP 199

O2O서비스 52

positioning 160
Product Life Cycle 194
Proximity 107

SCAMPER 75
Site 67
Social commerce 52
SQC 201
stripping 76

TQC 201
Trading area 67
TRIZ 75
TV홈쇼핑 51

【저자소개】

곽 영 식

- 현재, 경남과학기술대학교 경영학과 교수
- 성균관대학교 경영학박사
- Texas Tech University Master of Science in Clothing, Textile, and Merchandising
- 성균관대학교 경영학석사
- 한국마케팅학회 상임이사
- 대우경제연구소 연구위원
- 베넷 프라이싱 대표이사
- 아이겐맥스 이사

[주요 저서]

- 마케팅가격전략(2014)
- 창업을 위해 미학에서 배우는 신상품개발(2016)

한 욱 상

- 현재, 중부대학교 글로벌 비즈니스 학부 교수
- USU(Utah States University) 교환 교수
- 중부대학교 교무처장
- 중부대학교 학생복지처장
- 한국상업교육학회 부회장
- 대한경영학회 상임이사
- 성균관대학교 경영학박사(마케팅전공)

[주요 저서]

- 인터넷 경영(1999)
- 현대경영학 입문(2000)
- 인터넷 마케팅 개론(2004)
- 설문지 설계와 태도평가(2006)
- 생활 속의 경영학의 이해(2016)

이 두 희

- 현재 중부대학교 경영학과 겸임교수
- 중부대학교 경영학 박사
- 중국미술대학 문학 석사
- 일본나라교육대학대학원 미술교육 석사
- 평택예술문화협동조합 이사장

[주요 저서]

- 생활 속의 경영학의 이해(2016)

small and smart 경영의 이해

초판 인쇄 2019년 2월 25일
초판 발행 2019년 2월 28일

지은이 곽영식 · 한욱상 · 이두희
펴낸이 박노일

총괄기획 김중용 · 최준규
편 집 심성보

펴낸곳 피앤씨미디어
경기도 고양시 일산동구 강송로 153 310-1501
등록 제396-2012-000203호
전 화 070)7550-3758 팩 스 02)718-8554
홈페이지 www.pncmedia.co.kr 이메일 pnc@pncmedia.co.kr
ISBN 979-11-5730-608-4 93320

정 가 20,000원